实用法律基础

SHIYONG FALÜ JICHU

陈忠琼　主编

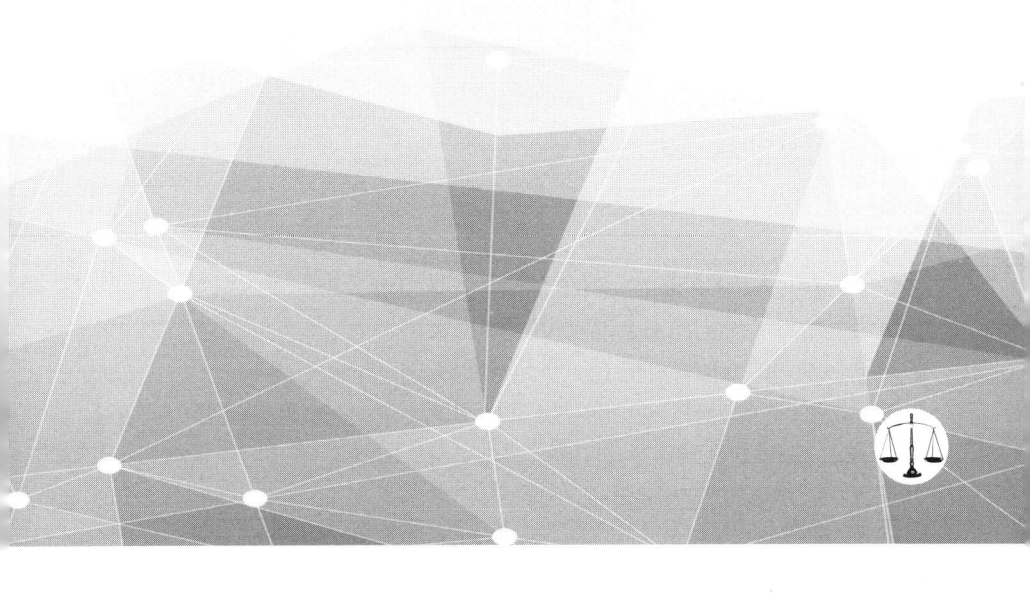

知识产权出版社
全国百佳图书出版单位
——北京——

图书在版编目（CIP）数据

实用法律基础／陈忠琼主编．—北京：知识产权出版社，2020.6（2024.11 重印）
ISBN 978-7-5130-6870-3

Ⅰ.①实… Ⅱ.①陈… Ⅲ.①法律—基本知识—中国 Ⅳ.①D920.4

中国版本图书馆 CIP 数据核字（2020）第 059492 号

责任编辑：彭小华　　　　　　　　　　责任校对：潘凤越
封面设计：韩建文　　　　　　　　　　责任印制：刘译文

实用法律基础

陈忠琼　主编

出版发行：知识产权出版社有限责任公司	网　　址：http://www.ipph.cn
社　　址：北京市海淀区气象路 50 号院	邮　　编：100081
责编电话：010-82000860 转 8115	责编邮箱：huapxh@sina.com
发行电话：010-82000860 转 8101/8102	发行传真：010-82000893/82005070/82000270
印　　刷：天津嘉恒印务有限公司	经　　销：新华书店、各大网上书店及相关专业书店
开　　本：880mm×1230mm　1/32	印　　张：7.75
版　　次：2020 年 6 月第 1 版	印　　次：2024 年 11 月第 6 次印刷
字　　数：232 千字	定　　价：32.00 元
ISBN 978-7-5130-6870-3	

出版权专有　侵权必究
如有印装质量问题，本社负责调换。

目 录
CONTENTS

第一编　法学理论与宪法　/ 1

第一章　法学基础知识　/ 3
第一节　法学基本概念　/ 3
第二节　法的制定与实施　/ 8
第三节　法律监督与法治　/ 15

第二章　宪法　/ 21
第一节　宪法的基本理论与宪法历史　/ 21
第二节　公民的基本权利和基本义务　/ 25
第三节　国家的基本制度与国家机构　/ 29

第二编　实体法与权利义务　/ 41

第三章　民法　/ 43
第一节　民法总则　/ 43
第二节　物权法　/ 54
第三节　合同法　/ 61
第四节　婚姻法　/ 75

第四章　行政法　/ 84
第一节　行政法概述　/ 84
第二节　行政许可　/ 89
第三节　行政处罚　/ 94

第四节　行政复议 / 97

第五章　刑法 / 104
　　第一节　刑法概述 / 104
　　第二节　犯罪理论 / 106
　　第三节　刑罚理论 / 114
　　第四节　犯罪种类 / 122

第三编　程序法与纠纷解决 / 127

第六章　诉讼法与诉讼证据 / 129
　　第一节　民事诉讼法 / 129
　　第二节　行政诉讼法 / 141
　　第三节　刑事诉讼法 / 151
　　第四节　诉讼证据 / 167

第七章　非诉讼纠纷解决 / 177
　　第一节　人民调解委员会 / 177
　　第二节　商事仲裁 / 180
　　第三节　劳动争议仲裁 / 188
　　第四节　农村土地承包经营纠纷解决 / 197

第四编　法律机构与法律职业 / 205

第八章　法律机构 / 207
　　第一节　司法机关 / 207
　　第二节　律师事务所 / 221

第九章　法律职业 / 228
　　第一节　律师 / 228
　　第二节　法官 / 234
　　第三节　检察官 / 241

第一编
法学理论与宪法

导　语

　　人类必须在社会团体中生活，必须遵守社会中最明显的法律规范即法律。没有法律的社会，是一个无序的社会。那么，法律是什么？英国著名法学家哈特引用奥古斯丁那句对于"时间"的名言，"法律是什么，如果无人问我则我知道，如果我欲对发问者说明则我不知道"。中国法学者刘星试图通过对20世纪英美法理学批判阅读，来回答"法律是什么"。在学习关于自然人、法人的权利义务的民法、行政法、刑法等各部门法之前，我们先要学习法学理论和各部门法的基本法即宪法；在学会应用法律知识之前，我们先要学习关于法律的基本理论，关于法律的一般概念。

　　本编包括第一章法学基础知识和第二章宪法。法学基础知识主要介绍法、法的价值、法律关系和法律责任等法学基本概念；法的制定、法律体系、法的实施、法律监督与法治。宪法主要介绍宪法的基本理论和历史发展，我国四部宪法和现行宪法的五次修改，我国公民的基本权利和基本义务，国家的基本制度与国家机构。

第一章 法学基础知识

本章重要概念和术语

法　法的价值　法律解释　法律关系　法律责任　法的制定　法的渊源　法律体系　法的实施　法律监督　法治

第一节 法学基本概念

一、法的概念

（一）法的概念

法是什么？西方不同法学流派的法学家们有不同的观点，"主权者的命令""人类理性的体现""民族精神的产物"。在我国古代，"刑""法""律"在不同时期都是用来规范人们行为的规则。夏商西周时期制定的法典叫"刑"，春秋战国时称为"法"，秦国商鞅变法"改法为律"。可见，古今中外各有说法。按照中国法学界的一般说法，法是由国家制定或认可，并由国家强制力保证其实施的，反映国家意志的社会规范体系。法通过规范人们在相互之间的权利和义务关系，确认、维护和发展社会关系和社会秩序。

（二）法的特征

法作为一种独特的行为规范，它不同于道德、习惯、宗教等其他社会规范。与其他社会规范相比，法有它自身的特征。

第一，法是规定人们的权利义务的，调整人的行为的社会规范；

第二，法是具有普遍约束力的行为规范；第三，法是由国家制定或认可的社会规范；第四，法是由公共权力机构——国家通过法律程序以国家强制力为后盾保证实施的社会规范。国家强制力的典型标志就是警察、法庭、监狱等。

二、法的价值

法的作用是法对人的行为和社会生活的影响，是法的本质在社会中的表现。法的作用包括法的规范作用和法的社会作用。而法律价值是法这个客体对满足个人、社会、国家需要的积极意义。

对于法的价值，可以从不同的方面来把握。首先是法的目的性价值，是从主体对法的需要的角度来理解法的价值，即法所要实现的目的。其次是法的工具性价值，是从法这一客体如何满足主体需要的角度来理解法的价值。法的工具性价值体现在五个方面：确认性价值、分配性价值、衡量性价值、保护性价值、认识性价值。最后是法本身的价值，是从法这一客体在满足主体需要所具有的独特性能的角度来理解法的价值。

被作为法的目的性价值的主要有：自由、正义、平等、秩序等。自由是一种正当性的权利，是以法律为边界的。正义包括古希腊哲学家亚里士多德提出的分配的正义与矫正的正义；美国社会学家罗尔斯提出的程序正义与实体正义，还提出了著名的"分蛋糕理论"；还有形式正义与实质正义，社会正义与个人正义。平等实际上就是"同等情况同等对待"，反对歧视与特权，既包括形式上的平等也包括实质上的平等。秩序是法所要确认和保护的最基本的价值和首要价值，它构成法律调整的出发点，也是法律所要保护和实现的其他价值的基础，没有秩序价值的存在，就没有法律的其他价值。所谓"不公正胜于无秩序"。

三、法律解释

法律解释就是人们对现行法律规范或法律条文的内容、含义、概念、术语等所做的说明。法律规范是抽象、概括的，法律是用语言来表述的，而语言本身往往具有模糊性，会存在歧义。因此法律解释就有必要。

按照解释主体及其解释效力的不同，法律解释可以分为正式解释和非正式解释。正式解释又称法定解释、官方解释、有权解释，是特定的国家机关在行使国家职权对法律所做的具有法律效力的解释。我国《立法法》规定，法律解释权属于全国人民代表大会常务委员会。正式解释按照解释主体的不同，又可以分为立法解释、司法解释、行政解释。立法解释是制定该规范法律文件的主体对其进行的解释，这种解释与被解释的文件具有同等的法律效力，属于规范性解释。如全国人民代表大会常务委员会关于认定《刑法》第294条中的"黑社会性质的组织"应当同时具备的四个特征的立法解释。司法解释是司法机关在法律适用过程中对所适用的法律进行的解释，典型的如我国最高人民法院和最高人民检察院单独或联合作出的司法解释。行政解释是行政机关在法律适用过程中对所适用的法律进行的解释。

此外，按照法律解释方法的不同，法律解释可以分为文义解释和论理解释。文义解释主要包括字义解释和语法解释；论理解释包括系统解释、历史解释、目的解释、社会学解释、比较法解释等方法。按照法律解释尺度的不同，法律解释又可以分为字面解释、限缩解释、扩充解释。

四、法律关系

（一）法律关系的概念和特征

法律关系是根据法律规范产生的，以主体之间的权利与义务关系的形式表现出来的一种特殊的社会关系。法律关系具有如下特征。

1. 它是根据法律规范建立的一种社会关系

法律关系是根据法律规范建立的一种社会关系。法律规范是法律关系产生的前提。法律关系是法律规范的实现形式，是法律规范的内容在现实生活中得到具体的贯彻。

2. 它是体现意志性的特殊的社会关系

法律关系是人有意识、有目的建立的一种社会关系。在法律关系的产生和实现过程中，国家意志和法律关系参加者的意志是相互作用的。一方面，法律关系参加者所表示的意志不能违背国家的意志，否则可能被追究责任。另一方面，国家的意志只有通过法律关系参加者的意志才能得以实现。

3. 它是主体之间以法律上的权利、义务为纽带而形成的社会关系

法律规范是通过规定社会关系参加者的权利与义务来确认、保护和发展一定的社会关系的。任何法律规范直接、间接都是关于社会关系参加者权利与义务的规范。权利与义务将法律关系的参加者联系在一起，让法律关系参加者享受权利、履行义务，从而实现对社会关系的调整。

（二）法律关系的构成要素

法律关系由三个要素构成，即主体、内容和客体。这三个要素相互联系、相互制约、缺一不可。

1. 法律关系的主体

法律关系的主体是指法律关系的参加者，即法律关系中权利的享有者和义务的承担者。法律关系的主体包括自然人、法人、非法人组织、国家。

2. 法律关系的内容

法律关系的内容就是法律关系主体相互之间在法律上的一种权利和义务关系。权利和义务是法律关系内容不可分离的两个方面，没有权利，就没有义务。每个法律关系的参加者都是一定的权利和义务的承担者。权利主体在享受权利的同时必须承担相应的义务，义务主体在履行义务的同时也享有相应的权利。

3. 法律关系的客体

法律关系的客体是指法律关系主体的权利和义务所指向的对象。法律关系的客体包括物、智力成果、人身、行为。

（三）法律关系的产生、变更和消灭

法律关系的产生、变更和消灭，需要具备一定的条件。一是法律

规范，二是法律事实。法律规范是法律关系形成、变更和消灭的法律依据，没有一定的法律规范就不会有相应的法律关系。但是只有法律规范没有法律事实的出现，也不会产生任何法律关系，法律事实是法律产生、变更和消灭的直接原因。法律事实是法律规范与法律关系相连的中间环节。

法律事实是指法律规范所规定的能够引起法律关系产生、变化和消灭的现象。按照是否以当事人的意志为转移，法律事实可以分为法律事件和法律行为。法律事件指不以当事人的意志为转移的客观事实或现象。包括人的出生、死亡等自然事件和自杀、战争等人为事件。法律行为指法律规定的，以当事人意志为转移的，能够引起法律关系产生、变更和消灭的行为。例如买卖、借贷、结婚等合法行为和故意杀害、高利贷、重婚等不合法行为。

五、法律责任

法律责任是指违法者对自己实施的违法行为所必须承担的不利的法律后果。根据违法的性质，除了违宪责任外，法律责任主要包括以下几种。

（一）民事责任

民事责任是指由违约或侵权等民事违法行为引起的否定性法律后果。民事责任主要是一种财产责任，主要在于补偿当事人的损失，但也包含某些惩罚性因素。民事责任主要有两种基本形式：违约责任和侵权责任。其承担方式有停止侵害、排除妨碍、消除危险、返还财产、赔偿损失等。

（二）行政责任

行政责任是指因行政违法行为所引起的否定性的法律后果。既包括行政相对人不履行行政管理方面的法定义务而应当受到的行政处罚等法律责任，如警告、罚款、行政拘留等；也包括国家工作人员违法行使职权的渎职行为所引起的行政处分等法律责任，如警告、记过、记大过、降级、撤职等。

(三) 刑事责任

刑事责任是指因其犯罪行为所必须承受的否定性法律后果。刑事责任体现了国家、社会对犯罪这种最为严重的违法行为的严厉的惩罚与谴责。实现刑事责任的主要方式是刑罚，我国刑法规定的刑罚分为主刑和附加刑两类：主刑包括管制、拘役、有期徒刑、无期徒刑和死刑；附加刑包括罚金、剥夺政治权利、没收财产和对外国人独立使用的驱逐出境。

第二节　法的制定与实施

一、法的制定

(一) 法的制定的含义

法的制定，又称法的创制、立法，它是指一定的国家机关依照法定职权和法定程序制定、修改或废止法律和其他规范性法律文件的一种专门性活动，简称为法律的立、改、废活动。广义的立法是指有关的国家机关依照法定权限和法定程序，创制各种具有不同法律效力的规范性文件的活动。既包括最高立法机关及其常设机关依法制定法律的活动，也包括中央行政机关和地方有关国家机关依据法定权限和程序制定行政法规、行政规章、地方性法规、自治条例、单行条例及其他规范性决定、决议等的活动。狭义的立法专指国家的最高立法机关及其常设机关依照法定的职权和程序，制定法律的活动。

法的制定主要采取两种方式：制定和认可。制定即一定的国家机关根据社会的需要，以国家的名义运用立法技术，依法创制、修改和废止规范性法律文件的活动。认可即一定的国家机关根据社会的需要，以国家的名义赋予社会上已经存在的某些社会规范以法律的效力。

(二) 立法程序

法的制定过程也叫立法程序，是指国家机关从准备制定法律开始到法律公布实施为止的全过程。根据宪法和立法法的规定，我国最高国家立法机关的立法程序如下。

1. 法律案的提出

这是立法程序的第一个阶段，是指有立法提案权的机关或个人向立法机关提出关于制定、修改、废止某项法律的立法议案。根据我国宪法及有关法律规定，全国人民代表大会主席团、全国人民代表大会常务委员会、全国人民代表大会各专门委员会、全国人民代表大会一个代表团或30名以上的全国人民代表大会代表、全国人民代表大会常务委员会组成人员10人以上、国务院、中央军委、最高人民法院、最高人民检察院，可以分别向全国人民代表大会和全国人民代表大会常务委员会提出法律案。

2. 法律案的审议

这是立法程序的第二个阶段，是指立法机关对已经列入议事日程的法律案进行正式的审查和讨论等活动。法律议案提出后，能否通过而成为正式法律，都要根据审议的结果才能确定，因此，审议法律草案是立法程序中重要的阶段。

3. 法律案的通过

这是立法程序的第三个阶段，是指立法机关中法定多数人对法律案表示正式同意，从而使法律案成为法律。这是立法程序中最重要和最有决定意义的阶段。

对于法律议案的通过，各国一般采取多数同意原则。即法案只有获得法定多数表决者的赞同，才能通过而成为法律。如我国宪法修正案的通过需有全国人民代表大会代表的2/3以上多数代表的同意，才能通过。而一般的法律议案只要有全国人民代表大会或全国人民代表大会常务委员会委员的半数以上同意即可通过。

通过法律议案的方式有公开表决和秘密表决两种，前者是举手表决方式，后者是无记名投票方式。现在各国已逐渐采用电脑表决器。

4. 法律的公布

这是立法的最后一个阶段。是指立法机关将获得通过的法律用法定形式正式公布。通过这个阶段，立法机关通过的法律才能正式生效。

公布法律的权力在多数国家由国家元首行使，在有些国家由立法机关的领导机关行使。我国宪法规定，中华人民共和国主席根据全国人民代表大会的决定和全国人民代表大会常务委员会的决定，签署国家主席令，公布法律。

我国公布法律的法定报刊是《全国人大常委会公报》《国务院公报》《最高人民法院公报》《最高人民检察院公报》和《人民日报》等，其他新闻媒体也可转载。

二、法的渊源

（一）法的渊源及其种类

法的渊源，又称法源或法律渊源，是指与法的创制方式相关的法的外部表现方式，主要是指法的形式渊源。

法的渊源主要包括：制定法、判例法、习惯法、具有法律效力的学说、法理和解释。

（二）中国社会主义法的渊源

我国社会主义法的基本渊源可以分为以下几类。

1. 宪法

宪法是我国的根本法，规定国家的根本制度和根本任务，具有最高的法律地位和法律效力，是制定一切法律、法规的依据。所以它在法的渊源中居于最高的、核心的地位。

2. 法律

在当代中国法的渊源中，法律仅次于宪法。它是由全国人民代表大会和全国人民代表大会常务委员会制定颁布的。根据宪法的规定，法律分为基本法律和基本法律以外的法律。基本法律是指由全国人民代表大会制定的，调整国家和社会生活中某一方面社会关系的法律，如刑法、民法、诉讼法等；基本法律以外的法律是指由全国人民代表大会常务委员会制定的，调整国家和社会生活中某种具体社会关系的法律，如商标法、专利法、教育法等。

此外，全国人民代表大会及其常务委员会作出的规范性决议、决定、规定、办法也属于法律的范畴，与法律具有同等效力。

3. 行政法规和部门规章

国务院制定的规范性法律文件称为行政法规，也是我国法的渊源的重要组成部分，其法律地位和法律效力仅次于宪法和法律。国务院有权发布的决定和命令，也是法的渊源，其法律地位与行政法规相同。

国务院所属的各部、委有权在本部门的权限内发布规范性的命令、指示和规章。其法律地位和法律效力低于国务院的行政法规和其他规范性法律文件。

4. 地方性法规和地方政府规章

地方性法规指的是省级（包括省、自治区、直辖市）人民代表大会及其常务委员会制定或批准的适用于本地区的规范性法律文件。省、自治区人民政府所在地的市和设区的市的人民代表大会及其常务委员会，也可以制定地方性法规。地方性法规通常采用条例、办法、规则、决定、实施细则等名称。此外，省、自治区、直辖市的人民政府的制定的地方政府规章，也是我国法的渊源之一。

5. 自治条例、单行条例

在我国少数民族聚居区实行民族区域自治，民族自治地方的自治机关制定的适用于本民族区域的自治条例和单行条例也是一种重要的法的渊源，它与地方性法规具有同等的法律地位和法律效力。

6. 特别行政区的法

特别行政区的法是我国法的渊源的一种特殊形式。特别行政区享有高度的自治权。特别行政区的法指的是由全国人民代表大会制定的和特别行政区依法制定的并报全国人民代表大会常务委员会备案的法律、法规，以及保留的、在特别行政区内有效的法律、法规。包括特别行政区基本法以及根据我国宪法和基本法制定的其他法律。

7. 国际条约和国际惯例

国际条约主要是指经我国政府签订、加入、承认后的国际条约。国际惯例是国际条约的重要补充。

三、法律体系

法律体系，也称部门法体系，或者法的体系，是指一国的全部现行法律规范按照一定的标准和原则，划分为不同的法律部门而形成的内部和谐一致、有机联系的整体。法的最小构成单位称为法律规范，调整同类社会关系的法律规范构成一国的法律部门，不同的法律部门形成一个有机的整体，就是法律体系。

（一）法律规范及其逻辑结构

法律规范是由国家制定或认可，反映国家意志，并有国家强制力保证实现的，具有完整逻辑结构的特殊行为规则。法就是由众多法律规范构成的，法律规范是法的基本构成因素。法律规范的逻辑结构是指法律规范在逻辑联系上是由哪些因素或部分构成的，即每一个法律规范必须具备的构成要素有哪些。一般认为，法律规范的逻辑结构包括三个因素，即假定、处理和法律后果。

1. 假定

假定是指法律规范中关于该规范适用的条件的部分。它指明法律规范在什么条件下适用。如《刑法》第 234 条规定，故意伤害他人身体的，处 3 年以下有期徒刑、拘役或者管制。其中，"故意伤害他人身体的"就是假定。

2. 处理

也称为行为模式，是指法律规范中指明人们可以做什么，应该做什么，不应该做什么的部分。如《合同法》第 60 条规定，当事人应当按照约定全面履行自己的义务。

在法律文件中，关于处理的规定常常是用这样一些术语或表达方式：可以、有权，或应当、不得、禁止等。

3. 法律后果

法律后果就是法律规范中关于违反该规范应承担肯定性或否定性的法律后果的部分。如《刑法》第 232 条规定，犯故意杀人罪的，处死刑、无期徒刑或者 10 年以上的有期徒刑。

(二) 中国特色社会主义法律体系

法律体系可以划分为不同的相对独立的法律部门。法律部门，也称部门法，是根据一定标准和原则所划定的同类法律规范的总称。法律部门是一国法律体系的基本组成单位。划分法律部门的主要标准是法律的调整对象，其次是法律调整的方法。

在 2011 年的第十一届全国人民代表大会第四次会议上，时任全国人民代表大会常务委员会委员长吴邦国正式宣告中国特色社会主义法律体系业已形成，截至 2010 年年底，我国已制定现行有效法律 236 件、行政法规 690 多件、地方性法规 8600 多件。

目前，中国特色社会主义法律体系主要包括七个法律部门。

1. 宪法及宪法相关法部门

宪法及宪法相关法部门所规定的是我国根本社会制度、国家制度、公民的基本权利和基本义务、国家机关的组织与活动的根本原则。该法律部门是中国特色社会主义法律体系的核心部门，最重要的形式渊源是宪法。宪法相关法包括国家机关组织法、选举法、国籍法、特别行政区基本法、民族区域自治法、立法法以及其他宪法性法律文件等。

2. 行政法部门

行政法部门是调整国家行政机关管理活动中形成的社会关系的法律规范的总和。其涉及范围与国家行政机关职权活动的范围一致，包括国防、外交、人事、民政、公安等各方面的行政管理法规。行政法调整对象极为广泛，难以形成系统单一的行政法典，在形式上由很多单行的法律、法规组成，包括行政许可法、行政处罚法、行政复议法等一般行政法和兵役法、高等教育法、律师法等特别行政法。

3. 民商法部门

民法部门是指调整平等民事主体之间的财产关系和人身关系的法律规范的总称。我国的民法典即将颁布，目前采取的是单行法的形式，包括民法通则、民法总则、物权法、合同法、侵权责任法、担保法、婚姻法、继承法等。

商法是民法中一个特殊部分，民法规定的有关民事关系的很多概念、原则适用于商法，二者同样遵循平等、自愿、等价、有偿、诚实信用等基本原则，也可以适用同样的法律调整方法。因此，它们又被纳入同一法律部门。商法也没有自己的法典，主要的商事单行法包括公司法、企业破产法、证券法、票据法、保险法、海商法等。

4. 经济法部门

经济法部门是调整国家从社会整体利益出发对经济活动实行干预、管理或宏观调控所产生的社会经济关系的法律规范的总和。经济法部门主要包括：一是维护平等竞争环境、维持市场秩序方面的法律，如反垄断法、反不正当竞争法、价格法、反倾销法、反补贴法等；二是国家宏观调控和经济管理方面的法律，主要是有关财政、税务、金融、审计、物价、工商管理等方面的法律。

5. 社会法部门

社会法部门是由保障劳动关系、社会保障、社会福利等公民社会权利的各类相关法律法规构成的一个法律部门。我国社会法部门主要由劳动法和社会保障法两个部分组成，主要包括：劳动法、劳动合同法、工会法、就业促进法、社会保险法等。

6. 刑法部门

刑法部门是我国法律体系中的一个基本的法律部门，它是规定犯罪、刑事责任和刑罚的法律规范的总称。我国目前的刑法主要包括刑法，以及全国人民代表大会常务委员会制定出的十个刑法修正案和各种涉及刑法的决议、决定。

7. 诉讼与非诉讼程序法部门

诉讼法部门是关于诉讼程序的法律规范的总称。诉讼法是程序法，是保证各种实体法实现的必要条件。主要包括：民事诉讼法、行政诉讼法、刑事诉讼法三大诉讼法以及海事诉讼特别程序法等。非诉讼程序法包括仲裁法、人民调解法、劳动争议调解仲裁法、农村土地承包经营仲裁法等。

四、法的实施

法的实施是使法律规范的要求在社会生活中得以实现的活动，即把法律规范中设定的权利义务关系转化为现实生活中人们具体的行为和行动。影响法的实施的因素包括：立法的良善与否、国家执法力量的强弱、社会主体的道德水平和守法意识、社会习惯和传统力量，等等。

按照法的实现过程中国家干预的程度和方式的不同，法的实现可以分为法的遵守、法的执行、法的适用。法的遵守，简称守法，指的公民和其他社会关系的主体自觉按照法律规范的要求从事各种事务和行为的活动。法的执行，简称执法，是指国家行政机关通过制定、实施行政法规以及将法律的一般规定适用于行政相对人或事件的贯彻宪法和法律的活动。本书我们主要讲法的适用。

法的适用，简称司法，是指国家司法机关依照法定职权和程序适用法律处理案件的活动。我国法律适用的基本功能包括解决纠纷、塑造权威、维护秩序。它的基本原则包括：以事实为根据、以法律为准绳；公民在适用法律上一律平等；司法机关依法独立行使职权；实事求是、司法为民。在我国，法的适用的基本要求为：正确、合法、公正、合理、及时。

第三节 法律监督与法治

一、法律监督

一切权力都需要监督，没有约束的权力必然导致腐败。对法律监督通常有广义和狭义两种理解。广义的法律监督泛指一切国家机关、社会组织、公民对各种法律活动的合法性所进行的监察和督促。狭义的法律监督专指有关国家机关依照法定职权和程序，对法的制定和实施的合法性所进行的监察和督促。我们这里是从广义的角度来讲的。法律监督由监督主体、监督客体和监督内容三个方面构成，即由谁监督、监督谁，监督什么三个问题。根据监督主体的不同，当代中国的法律监督体制可以分为国家监督和社会监督。

（一）国家监督

国家监督即国家机关的监督，包括国家权力机关、行政机关、司法机关和专门的法律监督机关的监督，是我国法律监督体系的核心。

国家权力机关的监督，是指各级人民代表大会及其常务委员会为全面保障国家法律的有效实施，通过法定程序对由它产生的国家机关实施的监督。其中，全国人民代表大会及其常务委员会在整个法律监督体系中居于核心和主导地位。国家权力机关的法律监督权是宪法赋予的重要职权，监督的方式主要有权限监督、人事监督、工作监督、财政监督和质询监督。

行政机关的监督是指上级行政机关对下级行政机关、行政机关对企事业单位和公民个人执行和遵守法律法规的情况所进行的监督。司法监督包括人民法院的审判监督和人民检察院的检察监督。根据《宪法》《监察法》和《人民检察院组织法》明确规定，人民检察院是国家的法律监督机关，监察委员会是国家的监察机关。

（二）社会监督

社会监督，即非国家机关的监督，虽然不具有国家监督那样直接的法律效力，但它与国家监督密切联系，是国家监督的基础。社会监督包括中国共产党的监督、人民政协的监督、各民主党派的监督、人民团体和社会组织的监督、新闻媒体的舆论监督和公民个人的直接监督。

中国共产党是我国的执政党，它的监督在整个法律监督体系中占有十分重要的地位，主要通过党的各级组织和纪检部门实行政治、组织、党纪监督。中国人民政治协商会议是具有广泛代表性的统一战线组织，通过政治协商和民主监督，成为我国社会监督的重要力量。各民主党派在我国是参政党，通过议案、批评和建议等方式，对党和政府、立法、司法工作进行监督。人民团体和社会组织的监督是指工会、共产主义青年团、妇女联合会等团体和组织的监督。新闻媒体的舆论监督主要是指通过报刊、广播、电视、互联网等新闻传媒进行的监督。公民个人的直接监督，是指人民群众有权通过各种方式和途径对党和政府及其工作人员的活动进行直接监督。

二、法治

（一）中国特色社会主义法治建设的发展进程

中国特色社会主义法治是中华人民共和国成立70年来中国共产党艰辛探索依法执政基本规律的智慧凝结，是改革开放40年来共产党领导中国人民进行中国特色社会主义建设的重大成就和经验结晶。从历史发展过程来看，中国特色社会主义法治建设经历了以下四个时期。

第一，奠基萌芽时期。1978年十一届三中全会后，党中央提出了"健全社会主义民主，加强社会主义法制"的目标，确定了"有法可依，有法必依，执法必严，违法必究"的社会主义法制建设方针。

第二，发展成长时期。1997年党的十五大报告提出，"依法治国，是党领导人民治理国家的基本方略"，把依法治国作为治国方略。1999年宪法修正案，把"依法治国，建设社会主义法治国家"写进了宪法，标志着中国特色社会主义法治建设进入了新的历史时期。

第三，基本形成时期。2002年党的十六大把"依法治国，建设社会主义法治国家"写进了《中国共产党章程》。2011年10月27日《中国特色社会主义法律体系》白皮书的公布宣告了中国特色社会主义法律体系的正式形成，标志着中国特色社会主义法治的基本形成。

第四，全面推进时期。2014年10月20日，中国共产党十八届四中全会通过的《中共中央关于全面推进依法治国若干重大问题的决定》明确提出，坚持走中国特色社会主义法治道路，建设中国特色社会主义法治体系，标志着中国特色社会主义法治建设开始迈入了新的发展实施阶段。

（二）新时代中国特色社会主义法治建设的新发展

党的十八大以来，以习近平同志为核心的党中央高度重视法治建设，把新时期法治建设提到了新的高度。

1. 党的领导贯彻落实到依法治国全过程和各方面

坚持党的领导，是社会主义法治的根本要求，是全面推进依法治国的应有之义。必须把党的领导贯彻落实到依法治国全过程和各方面，坚定不移走中国特色社会主义法治道路，完善以宪法为核心的中国特色社会主义法律体系，建设中国特色社会主义法治体系，建设社会主义法治国家，发展中国特色社会主义法治理论，坚持依法治国、依法执政、依法行政共同推进，坚持法治国家、法治政府、法治社会一体建设，坚持依法治国和以德治国相结合，依法治国和依规治党有机统一，深化司法体制改革，提高全民族法治素养和道德素质。

2. 把全面依法治国纳入"四个全面"战略布局

党的十八大在提出全面建成小康社会目标时强调，要推动依法治国基本方略全面落实、法治政府基本建成。实现中华民族伟大复兴，不仅指物质层面的民富国强，还包括实现制度和价值层面的文明复兴。全面依法治国是深刻总结我国社会主义法治建设成功经验和深刻教训作出的重大抉择，是全面建成小康社会、实现中华民族伟大复兴中国梦的迫切需要。

3. 把社会主义核心价值观融入法治建设

法律是成文的道德，道德是内心的法律。法律作为社会行为的底线，是社会公德的固化和外化。中央高度重视社会主义核心价值观建设，强调要坚持依法治国与以德治国相结合，把核心价值观融入法治建设。以法治体现道德理念、强化法律的规范作用,以道德滋养法治精神、强化道德对法治文化的支撑作用,能够实现法律和道德相辅相成、相得益彰。

4. 注重法治思维和法治方式

法治思维是一种规则思维、程序思维。法治方式是运用法治思维处理和解决问题的行为方式。尊崇法治、敬畏法律是领导干部必须具备的基本素质。全面依法治国,要提高运用法治思维和法治方式深化改革、推动发展、化解矛盾、维护稳定能力,努力推动形成办事依法、遇事找法、解决问题用法、化解矛盾靠法的良好法治环境,在法治轨道上推动各项工作。

5. 建设社会主义法治文化

必须要加大全民普法力度,建设社会主义法治文化,树立宪法法律至上、法律面前人人平等的法治理念。各级党组织和全体党员要带头尊法、学法、守法、用法,任何组织和个人都不得有超越宪法法律的特权,绝不允许以言代法、以权压法、逐利违法、徇私枉法。

6. 坚持依法治国和以德治国相结合

要坚持把依法治国和以德治国结合起来,高度重视道德对公民行为的规范作用,引导公民既依法维护合法权益,又自觉履行法定义务,做到享有权利和履行义务相一致。国家和社会治理,需要法律和道德共同发挥作用。加强公民道德建设,提高全社会思想道德水平,积极培育和践行社会主义核心价值观,倡导契约精神,弘扬公序良俗的良好风尚。

7. 依据党内法规管党治党

党内法规是中国特色社会主义法治体系的重要组成部分。党的十八届六中全会审议通过了《关于新形势下党内政治生活的若干准则》和修订后的《中国共产党党内监督条例》两部重要的党内法规。党的十九大进一步提出,要全面增强依法执政本领,加快形成覆盖党的领导和党的建设各方面的党内法规制度体系,加强和改善对国家政权机关的领导。

【推荐读物】

1. 西方法学初步. 刘星. 广东人民出版社1998年版。
2. 西方法学初步. 刘星. 广东人民出版社1999年版。
3. 法学入门. 刘得宽. 中国政法大学出版社2006年版。
4. 超越法学的视界. 强世功. 北京大学出版社2006年版。
5. 权利及其救济. 程燎原、王人博. 山东人民出版社1998年版。
6. 法治秩序的构建（增补版）. 季卫东. 商务印书馆2014年版。
7. 跨越国境的思考——法理学讲演录. 朱景文. 北京大学出版社2006年版。
8. 法的门前. ［美］彼得·德恩里科、邓子滨. 北京大学出版社2012年版。
9. 法律的运作行为. ［美］唐纳德·布莱克. 中国政法大学出版社2004年版。
10. 法理学. 法律哲学与法律方法. ［美］博登海默. 中国政法大学出版社2017年版。

第二章 宪法

本章重要概念和术语

宪法 平等权 政治权利 选举制度 民族区域自治制度 特别行政区制度 国家主席 国务院 监察委员会

第一节 宪法的基本理论与宪法历史

一、宪法的基本理论

(一) 宪法的概念与特征

1. 宪法的概念

宪法是确立国家制度和社会制度的基本原则与政策,调整公民权利与国家权力之间的基本关系的国家根本法。宪法在一国家法律体系中处于核心地位。宪法是治国安邦的总章程,具有最高的法律地位、法律权威、法律效力。

我国古代的《尚书》《周礼》《中庸》等典籍中曾出现过"宪""宪法""宪令""宪章"等词语。但它们的含义却与近代的宪法不同。"宪法"一词作为国家根本法开始于19世纪80年代,近代改良主义思想家提出"伸民权、争民主、立宪法、开议院"的政治主张。近代意义的宪法专指限制王权,规定国家机关组织、权限,确认公民权利和自由的国家根本法。

2. 宪法的特征

宪法是一个独立的法律部门，但它又不同于民法、行政法、刑法等普通法律部门，有它自身的特征。

在内容上，宪法是国家的总章程，规定的是国家的根本制度，是国家生活中有关公民的基本权利和义务，国家机构的组织和活动原则等根本的问题。

在法律效力上，宪法具有最高的法律效力，它是制定普通法律的依据和基础，所有的重要法律在第1条的立法根据中都会指出"根据宪法，制定本法"。因此，普通法律不得与宪法相抵触。

在制定和修改的程序上，比其他法律更为严格，需要特别成立专门机构，修改程序上一般要求多数表决才能通过，以保障宪法的权威。

（二）宪法的分类

1. 成文宪法和不成文宪法

根据宪法是否具有统一的法典形式划分。成文宪法是指以一个或几个法律文件的形式所表现出来的宪法。不成文宪法是指以国家的一般法律、惯例或法院判例的形式出现的宪法。多数国家的宪法属于成文宪法，英国宪法是典型的不成文宪法。

2. 刚性宪法和柔性宪法

根据宪法的效力和修改程序的不同划分。刚性宪法是指制定和修改宪法的机关和程序与普通法律不同。柔性宪法是指制定和修改宪法的机关和程序与普通法律相同。我国宪法就属于刚性宪法，英国宪法属于柔性宪法。

3. 钦定宪法、协定宪法和民定宪法

根据制定宪法主体的不同划分。钦定宪法是指在君主立宪制的国家由君主制定的宪法，如1908年我国清政府《钦定宪法大纲》。协定宪法是指由君主和民意代表机关共同协商制定的宪法，如1830年法国宪法。民定宪法是指由议会、制宪机关或者全民公投的方式通过的宪法。近代以来的多数宪法都属于民定宪法。

宪法的基本原则包括人民主权原则、基本人权原则、权力制约原则和法治原则。宪法具有组织和规范国家权力、保障公民基本权利、维护国家统一的作用。

二、宪法的历史

（一）近代西方宪法的产生

近代宪法产生于17、18世纪的资产阶级革命时代。最早产生宪法的国家是英国，1688年的光荣革命确立了英国的君主立宪政体。因此，英国是近代宪法的发源地，享有"宪法母国"的美誉。但英国宪法是不成文宪法，主要表现为《权利法案》等宪法性文件、宪法性惯例和判例、权威学者的著述等。美国1787年制定的美国联邦宪法是世界上第一部成文宪法。因此，美国是最早制定成文宪法的国家。法国则是欧洲第一个成文宪法国家。法国在1789年大革命发生后颁布了《人权宣言》，1791年制定了第一部欧洲大陆成文宪法。1917年苏俄十月革命胜利后，于1918年颁布的《苏俄宪法》是世界上第一部社会主义宪法。

（二）中华人民共和国成立前中国宪法的产生与发展

维新变法失败后，清廷开始了立宪活动，1905年清政府派五大臣出国考察宪政后于次年下令预备立宪，并于1908年3月颁布了《钦定宪法大纲》，后因辛亥革命的爆发而公布了《宪法重大信条十九条》。1912年孙中山领导下的南京临时政府主持临时参议院制定了《中华民国临时约法》。袁世凯领导下的北洋政府先后于1913年、1914年通过了《中华民国宪法（草案）》（又称"天坛宪草"）和《中华民国约法》。1923年曹锟贿赂国会议员制定出了《中华民国宪法》即曹记贿选宪法。1946年南京国民政府颁布了《中华民国宪法》。

（三）中华人民共和国成立后中国宪法的制定与修改

1. 从共同纲领到1982宪法

1949年中国人民政治协商会议通过的《中国人民政治协商会议共同纲领》起到了中华人民共和国临时宪法的作用。1954年9月，在继承和发展《中国人民政治协商会议共同纲领》的基础上，第一届全国人民代表大会一届第一次会议通过的《中华人民共和国宪法》是中华人民共和国第一部正式宪法，简称1954宪法。1975年1月第四届全国人民代表大会一届第一次会议通过的第二部宪法，称为1975宪法。粉碎"四人帮"后，1978年3月第五届全国人民代表大会一届第一次会议通过了我国的第三部宪法，即1978宪法。十一届三中全会召开后，我国真正进入社会主义现代化建设的新时期。1982年12月4日，第五届全国人民代表大会一届第五次会议通过了我国的第四部宪法。我国现行宪法是1982年宪法。

2. 1982年宪法的五次修改

1982年宪法在1988年、1993年、1999年、2004年作过部分修正，最新修正于2018年通过。

1988年宪法修正案对宪法作了以下修改：一是删除了不得出租土地的规定，明确土地使用权可以依法转让；二是将私营经济写入宪法，肯定了其合法地位。

1993年对宪法作了9条修改。包括序言，规定共产党领导的多党合作制和政治协商制度的内容，将家庭联产承包责任制作为农村集体经济组织的基本形式确定下来，确认社会主义市场经济作为国家的基本经济体制，调整地方人民代表大会的每届任期。

1999年对宪法进了第三次修正。主要内容有6条，包括将邓小平理论、依法治国写进宪法，规定了国家在社会主义初级阶段，坚持公有制为主体、多种所有制经济共同发展的基本经济制度，坚持按劳分配为主体、多种分配方式并存的分配制度；农村集体经济组织实行家庭承包经营为基础、统分结合的双层经营体制；国家保护个体经济、私营经济的合法的权利和利益并对其实行引导、监督和管理。将"反革命活动"修改为"危害国家安全的犯罪活动"。

2004年宪法进行了第四次修正。主要内容有6条。

（1）将国家的土地征用制度修改为"国家为了公共利益的需要，可以依照法律规定对土地实行征收或者征用并给予补偿"；

（2）将国家对非公有制经济的规定修改为"国家保护个体经济、私营经济等非公有制经济的合法的权利和利益。国家鼓励、支持和引导非公有制经济的发展，并对非公有制经济依法实行监督和管理"；

（3）将国家对公民私人财产的规定修改为"公民的合法的私人财产不受侵犯。国家依照法律规定保护公民的私有财产权和继承权。国家为了公共利益的需要，可以依照法律规定对公民的私有财产实行征收或者征用并给予补偿；"

（4）增加规定"国家尊重和保障人权"。

1982宪法的四次修改，有力地促进了改革开放和社会主义现代化建设。

2018年3月11日1982宪法的第五次修改，主要内容如下：

（1）将习近平新时代中国特色社会主义思想载入宪法；

（2）在国家机构中新增监察委员会一节；

（3）调整国家主席任期；

（4）确立宪法宣誓制度；

（5）将全国人民代表大会法律委员会更名为全国人民代表大会宪法和法律委员会，加强宪法实施和监督，推进合宪性审查，维护宪法权威；

（6）增加关于设区市的立法权的相关规定，赋予所有设区的市立法权，通过限权限、报批准、报备案等规定，加强对设区市的地方性法规的监督管理。

为了增强全社会的宪法意识，弘扬宪法精神，加强宪法实施，全面推进依法治国，全国人民代表大会常务委员会决定将12月4日设立为国家宪法日。此后每年的国家宪法日，国家通过多种形式开展宪法宣传教育活动。

第二节 公民的基本权利和基本义务

公民是一个法律概念，是指具有一个国家国籍的自然人。国籍是确定公民资格的唯一条件。我国宪法规定，凡取得中国国籍的人，都是中华人民共和国公民。我国公民依法享有宪法和法律所赋予的一切权利，同时也必须履行相应的义务。

权利是指人们从事某种行为的可能性。宪法权利是指在宪法规定的范围内，公民从事某种行为的可能性。义务是指人们从事某种行为的必要性。宪法义务是指在宪法规定的范围内，公民必须对国家、社会及他人履行的责任。权利义务互为表里，权利可以放弃，义务则是必须履行的。

公民是宪法关系中最基本的权利和义务主体。宪法是一国的根本大法，只规定了公民最主要的权利和义务，即公民的基本权利和基本义务。

一、我国公民的基本权利

（一）平等权

平等权是公民平等地享有权利，不受性别、年龄、职业、出身等原因受到任何歧视与差别对待，要求国家同等保护的权利和原则。宪法规定，中华人民共和国公民在法律面前一律平等。我国公民的这一基本权利的内容包括法律面前人人平等、男女平等、民族平等。宪法保障公民的平等权有利于实现"一切权力属于人民"的宪法原则，为公民平等地享有宪法和法律规定的各种权利和义务提供了宪法基础。

（二）政治权利和自由

公民的政治权利和自由，是指宪法和法律规定的公民参与国家政治生活、参加国家管理、参政议政的民主权利以及对国家事务和公共事务表达个人见解和建议的权利。它是公民基本权利的重要内容，享有程度是衡量一个国家民主政治发展程度的重要标志，体现了公民在国家政治生活中的宪法地位。公民的政治权利和自由内容如下。

1. 选举权和被选举权

选举权和被选举权，是指公民享有选举和被选举为国家权力机关的代表或国家机关领导人的权利。宪法规定，我国年满18周岁的公民，除依法被剥夺政治权利的以外，都有选举权和被选举权。

2. 政治自由

宪法规定，我国公民有言论、出版、集会、结社、游行、示威的自由。

言论自由是公民依法享有的通过各种形式，对国家和社会事务发表意见的自由。出版自由是公民以出版物的形式表达他的思想和见解的自由，是言论自由的延伸。结社自由是公民为了一定的宗旨依法参加或组织某种持续性社会团体的自由。集会、游行、示威的自由是公民按照法律规定，享有通过集会、游行和示威活动以表达某种共同意愿的自由。

这六项自由是公民关心国家大事、表达自己意愿和要求的一种极为重要的政治民主权利。当然，公民必须在法律规定的范围内行使自己的权利。

(三) 宗教信仰自由

宪法规定公民有宗教信仰自由。宗教信仰自由的内涵包括：每个公民既有信仰宗教的自由，也有不信仰宗教的自由；有信仰这种宗教的自由，也有信仰那种宗教的自由；在同一宗教内，有信仰这个教派的自由，也有信仰那个教派的自由；有过去不信教现在信教的自由，也有过去信教现在不信教的自由。

(四) 人身自由

1. 公民的人身自由不受侵犯

任何公民，非经人民检察院批准或者决定或者人民法院决定，并由公安机关执行，不受逮捕。禁止非法拘禁和以其他方法非法剥夺或者限制公民的人身自由，禁止非法搜查公民的身体。

2. 公民的人格尊严不受侵犯

禁止用任何方法对公民进行侮辱、诽谤和诬告陷害。

3. 公民的住宅不受侵犯

住宅是公民居住、生活及保存私人财产的场所。宪法禁止非法搜查或者非法侵入公民的住宅。

4. 公民的通信自由和通信秘密受法律保护

除因国家安全或者追查刑事犯罪的需要，由公安机关或检察机关依照法律规定的程序对通信进行检查外，任何组织或个人不得以任何理由侵犯公民的通信自由和通信秘密。

（五）批评、建议、申诉、控告、检举和取得赔偿权

宪法规定，我国公民对于任何国家机关和国家机关工作人员，有提出批评和建议的权利；对于任何国家机关和国家工作人员的违法失职行为，有向有关国家机关提出申诉、控告或者检举的权利，但是不得捏造或歪曲事实进行诬告陷害。

对于公民的申诉、控告或者检举，有关国家机关必须查清事实，负责处理。任何人不得压制和打击报复。公民因国家机关及其工作人员侵犯其合法权利而受到损失，有依照法律规定取得赔偿的权利。

（六）社会经济权利

社会经济权利是宪法规定公民享有经济物质利益方面的权利，它是公民享有其他各项权利和自由的物质基础。包括劳动的权利、劳动者的休息权、退休人员的生活保障权、物质帮助权。

（七）文化教育权利

公民有受教育的权利，有进行科研、文艺创作和其他文化活动的自由。

（八）特定群体的权利保护

特定群体指的是妇女、老人和儿童。妇女在政治、经济、文化、社会和家庭生活等各方面享有同男子平等的权利。

（九）保护华侨、归侨和侨眷的权利和权益

华侨是侨居在外国的中国公民，归侨是已经回国定居的华侨，侨眷是华侨在国内的亲属。宪法保护华侨的正当的权利和利益，保护归侨和侨眷的合法的权利和利益。

二、我国公民的基本义务

我国宪法在规定公民享有各项基本权利和自由的同时，也规定了公民必须履行的基本义务。

（1）维护国家统一和全国各民族团结的义务；

(2) 遵守宪法和法律，保守国家秘密，爱护公共财产，遵守劳动纪律，遵守公共秩序，尊重社会公德的义务；
(3) 维护国家安全、荣誉和利益的义务；
(4) 保卫祖国，依法服兵役和参加民兵组织的义务；
(5) 依法缴纳税收的义务。

此外，夫妻双方有实行计划生育的义务，父母有抚养教育未成年子女的义务，成年子女有赡养扶助父母的义务，以及劳动的义务和受教育的义务。

第三节 国家的基本制度与国家机构

我国的国体、政体和国家结构形式构成了我国国家制度的主要内容，这是国家生活中最根本的问题。

一、国家性质

国家性质又称为国体，是国家制度的核心，表明在国家中哪些阶级处于统治地位，哪些阶级处于被统治地位。

（一）我国是人民民主专政的社会主义国家

我国《宪法》第1条明确规定，中华人民共和国是工人阶级领导的，以工农联盟为基础的人民民主专政的社会主义国家。我国《宪法》在序言中也明确指出：工人阶级领导的，以工农联盟为基础的人民民主专政，实质上即无产阶级专政。

（二）中国共产党是我国人民民主专政的领导核心

政党制度是指一个国家的政党干预政治的方式、方法、程序以及政党与国家政权之间、政党与政党之间的相互关系的总称。

1. 中国共产党是执政党

我国的政党制度是在长期革命与建设中形成和发展起来的，中国共产党是社会主义事业的领导核心，是执政党，其地位是稳定的，不可替代的。中国共产党通过法定程序将其路线、方针、政策等上升为法，获得最普遍的遵守；通过推荐干部、进行思想教育等方式实现对国家机关的政治领导。

2. 各民主党派是参政党

我国现有 8 个民主党派，它们是：中国国民党革命委员会、中国民主同盟、中国民主建国会、中国民主促进会、中国农工民主党、中国致公党、九三学社、台湾民主自治同盟。各民主党派都是各自所联系的一部分社会主义劳动者、社会主义事业的建设者、一部分拥护社会主义的爱国者和拥护祖国统一的爱国者的政治联盟，是接受中国共产党领导的，同中国共产党通力合作、共同致力于社会主义事业的亲密友党。

（三）我国的爱国统一战线

1. 统一战线是在中国共产党领导下的政治联盟

新时期的爱国统一战线是在中国共产党领导下，由各民主党派和各人民团体参加的，包括全体社会主义劳动者，拥护社会主义的爱国者和拥护祖国统一的爱国者组成的政治联盟，是我国人民民主专政的重要内容之一。

2. 中国人民政治协商会议是统一战线的组织形式

中国人民政治协商会议简称人民政协，是我国爱国统一战线组织，也是共产党领导的多党合作和政治协商的一种重要组织形式。

人民政协不是国家机关，不具有国家机关的权限。它的基本职能是政治协商、民主监督，它是中国共产党与各民主党派联系的桥梁和纽带，是民主党派参政议政和进行政治协商的主要场所。因此，它在我国政治体制中具有十分重要的地位。

全国人民代表大会召开会议时通常邀请政协委员列席会议，这是为了使他们便于参加国家大政方针的协商和讨论，充分发挥民主监督的作用。

我国宪法规定，中国共产党领导的多党合作和政治协商制度将长期存在和发展。这表明我国的政党制度是共产党领导的多党合作制。

二、政权组织形式

政权组织形式也称为政体,它是指一定的社会中,统治阶级为了行使国家权力治理社会而确立的国家政权的组织体系。

(一) 人民代表大会制度

我国的政权组织形式是人民代表大会制度,是指根据民主集中制的原则,通过选举产生全国人民代表大会和地方各级人民代表大会,并以此为基础,建立全部国家机构,实现人民当家做主的一种根本政治制度。人民代表大会制度直接反映了我国以工人阶级为领导,以工农联盟为基础的人民民主专政的阶级本质。人民代表大会制度一经成立,即成为其他制度赖以产生和建立的基础。人民代表大会制度反映了我国政治生活的全貌。因此,人民代表大会制度是适合中国国情的一种政权组织形式,是我国的根本政治制度。

(二) 选举制度

选举制度是关于选举国家代表机关的代表和国家公职人员的有关制度的总称。选举制度是我国人民代表大会制度的重要组成部分,具体内容一般包括选举的基本原则、选举权利确定、选举组织、选举程序,以及选民和代表之间的关系。选举制度是国家制度的重要组成部分,反映国家权力与公民权利之间的平衡关系。选举制度的民主性与科学性,是人民代表大会制度建立与完善的基础。我国选举制度的基本原则如下:

1. 选举权的普遍性原则

《宪法》除了对年龄、国籍与政治权利进行限定外,没有对公民获得选举权加以其他限制,这充分体现了选举权的普遍性原则。

2. 选举权的平等性原则

这是"公民在法律面前一律平等"的宪法原则在选举制度中的具体表现,每个选民都在平等的基础上参加选举。

3. 直接选举和间接选举并用的原则

直接选举是指代表由选民投票直接选出。间接选举是指代表机关的代表不由选民直接选出,而是由下一级代表机关的代表选举上一级代表机关的代表。我国选举法规定,县、乡两级人民代表大会采用直接选举方式,省、自治州、设区的市和全国三级人民代表大会采用间接选举方式。

4. 无记名投票原则

我国《选举法》规定:"我国和地方各级人民代表大会代表的选举,一律采用无记名投票的方法。"这样,选举人能不受任何干涉地真正按照自己的意愿参加选举。

5. 差额选举原则

差额选举,相对等额选举而言,是指候选人名额多于应选代表名额的选举。

我国《选举法》明确规定,全国和地方各级人民代表大会代表候选人的人数,应多于应选代表的名额。由选民直接选举的,代表候选人人数应多于应选代表名额1/3至1倍;由地方各级人民代表大会选举上一级人民代表大会代表的,代表候选人人数应多于应选代表名额的1/5至1/2。

凡实行间接选举的地方由各级人民代表大会的常务委员会主持选举工作,在实行直接选举的地方,设立选举委员会主持选举工作。选举程序还包括选区的划分、选民登记、代表候选人的提出、选举投票等环节。

三、国家结构形式

(一)国家结构形式概述

国家结构形式是指国家的内部构成形式,即一国的整体与组成部分之间、中央政权与地方政权之间相互关系的一种形式。国家结构形式所表现的是一种职权划分关系,国家依这种关系确定行政区划,设立行政单位。现代国家结构形式主要有两种:单一制和复合制。

1. 单一制

单一制是由若干不具有独立性的地方行政单位或自治单位组成的

单一主权国家的国家结构形式。单一制国家是由中央统一行使主权的国家，全国只有一部统一的宪法、一个最高立法机关和中央政府，公民只有一个统一的国籍，在对外关系上只有统一的国家才能作为国际法的主体，只有中央政府享有外交权。

2. 复合制

复合制，是指由几个具有一定独立性单位联合组成的各种国家联盟的国家结构形式。近现代复合制国家主要有联邦和邦联两种。联邦国家由几个成员国联合组成的复合国家。美国是世界上最先建立联邦制的国家，其他的联邦制国家包括加拿大、瑞士、德国等。邦联是指几个独立的主权国为了某种特定的目的或共同的利益而结成的一种松散的国家联合。现在已经很少见。一些类似联邦的联盟或共同体如欧盟、东盟、独联体。

我国的国家结构形式是统一的多民族的单一制国家。

（二）我国的行政区划

行政区划就是行政区域的划分，是指国家按照一定的原则和程序将全国领土划分成若干不同层次的部分，建立相应的各级国家机关进行行政管理的一种领土结构。我国的行政区划表现为：全国分为省、自治区、直辖市；省、自治区分为自治州、县、自治县、市；县、自治县分为乡、民族乡、镇；直辖市和较大的市分为区、县；自治州分为县、自治县、市。因此，我国的行政区域基本上是三级建制，即省（自治区、直辖市）、县（自治县、市）、乡（民族乡、镇）。在设立自治州和实行市管县的地方是四级建制。

（三）我国的民族区域自治制度

我国的民族区域自治，是指在国家的统一领导下，在少数民族聚居的地方实行区域自治，设立自治机关，行使自治权，实现少数民族自主管理本民族内部事务的一种政治形式。民族区域自治是在统一的国家前提之下的自治，是以少数民族聚居区为基础的自治，是为了实现少数民族当家做主、管理本民族内部地方性事务、通过自治机关来实现的自治。

我国的民族自治地方分为自治区、自治州、自治县三级。各民族自治地方都是中华人民共和国不可分离的部分。

(四) 我国的特别行政区制度

特别行政区是指在我国行政区域内，根据我国宪法和法律的规定而专门设立的，具有特殊法律地位，实行特殊的社会、政治和经济制度的行政区域。《宪法》第31条规定，国家在必要时得设立特别行政区。在特别行政区内实行的制度按照具体情况由全国人民代表大会以法律规定。

设立特别行政区是"一国两制"构想的具体化，是解决香港、澳门和台湾等历史遗留下来的领土问题，实现祖国和平统一的妥善方式。"一国两制"即一个国家两种制度，就是在一个中国的前提下，国家的主体坚持社会主义制度，香港、澳门、台湾作为我国的特别行政区，保持原有的资本主义制度长期不变，以此实现国家的统一。

1990年4月4日第七届全国人民代表大会第三次会议通过《中华人民共和国香港特别行政区基本法》，1997年7月1日起该法施行，我国设立香港特别行政区，对香港恢复行使主权。

1993年3月31日第八届全国人民代表大会第一次会议通过《中华人民共和国澳门特别行政区基本法》，1999年12月20日该法施行，我国设立澳门特别行政区，对澳门恢复行使主权。

四、国家机构

国家机构，是指统治阶级为行使国家权力而建立的具有国家强制力的国家机关体系。我国国家机构实行民主集中制的原则，由全国人民代表大会及其常务委员会、国家主席、国务院、中央军事委员会、地方各级人民代表大会和地方各级人民政府、监察委员会、人民法院、人民检察院组成。各国家机关为实现国家权力、履行国家职能而发挥着各自不同的作用。

(一) 最高国家权力机关

1. 全国人民代表大会

全国人民代表大会是最高国家权力机关,也是国家的立法机关。全国人民代表大会在整个国家机构体系中居于首要的和最高的地位,而其他国家机关都由全国人民代表大会产生并对它负责,受它监督,因而都不能超越全国人民代表大会,也不能和它并列。全国人民代表大会由省、自治区、直辖市、特别行政区和军队选出的代表组成,每届任期5年,在任期届满2个月以前,全国人民代表大会常务委员会必须完成下届全国人民代表大会的选举。

根据宪法规定,全国人民代表大会行使的职权主要包括:①制宪修宪权和国家立法权;②国家领导人的人事任免权;③对中央国家机关行使最高监督权;国家生活中的重大事项的决定权和其他职权。

2. 全国人民代表大会常务委员会

全国人民代表大会常务委员会是全国人民代表大会的常设机关,是最高国家权力机关的组成部分,也行使国家立法权。全国人民代表大会常务委员会隶属于全国人民代表大会,受它领导和监督,向它负责并报告工作。

全国人民代表大会常务委员会由全国人民代表大会选举委员长、副委员长若干人、秘书长、委员若干人组成,每届任期同全国人民代表大会相同,它行使职权到下届全国人民代表大会选出新的常务委员会为止。委员长、副委员长连续任职不得超过两届。

根据宪法规定,全国人民代表大会常务委员会主要有以下职权:

(1) 解释宪法,监督宪法的实施。

(2) 制定和修改除应当由全国人民代表大会制定的法律以外的其他法律,在全国人民代表大会闭会期间,对全国人民代表大会制定的法律进行部分补充和修改,但是不得同该法律的基本原则相抵触。

(3) 解释法律,审查和监督行政法规、地方性法规的合宪性和合法性。

(4) 在全国人民代表大会闭会期间,审查和批准国民经济和社会发展计划、国家预算在执行过程中所必须做的部分调整方案；根据国务院总理的提名，决定部长、委员会主任、审计长、秘书长的人选；根据中央军委主席的提名，决定中央军委其他组成人员的人选。

（5）监督国务院、中央军委、国家监察委、最高人民法院和最高人民检察院的工作。

（6）任免国家监察委员、最高人民法院、最高人民检察院有关人员。

（7）决定特赦、驻外全权代表的任免、国际条约的批准和废除的等其他职权。

3. 全国人民代表大会各专门委员会

全国人民代表大会根据需要，可以设立若干专门委员会作为工作机构。十三届全国人民代表大会设立民族、宪法和法律、监察和司法、财政经济、教科文卫、外事、华侨、环境与资源保护、农业与农村、社会建设一共9个专门委员会。在全国人民代表大会闭会期间，各专门委员会受全国人民代表大会常务委员会的领导。各专门委员会在全国人民代表大会和全国人民代表大会常务委员会领导下，研究、审议和拟订有关议案。

4. 全国人民代表大会代表

全国人民代表大会代表是最高国家权力机关组成人员，每届任期5年，依法享有出席会议、提出议案或质询、人身特别保护、言论免责等权利。

（二）中华人民共和国主席

中华人民共和国主席是国家元首。有选举权和被选举权的年满45周岁的中华人民共和国公民可以被全国人民代表大会选为国家主席、副主席，每届任期同全国人民代表大会每届任期相同。

国家主席根据全国人民代表大会及其常务委员会的决定，公布法律，任免国务院组成部门人员，授予国家的勋章和荣誉称号，发布特赦令，宣布进入紧急状态，宣布战争状态，发布动员令。国家主席代表国家进行国事活动，接受外国使节；根据全国人民代表大会常务委员会的决定，派遣和召回驻外全权代表，批准和废除同外国缔结的条约和重要协定。

国家副主席协助主席工作，可以受主席的委托代行主席的部分职权，并在主席缺位的时候，继任主席的职位。国家副主席缺位的时候，由全国人民代表大会补选。国家主席、副主席都缺位的时候，由全国人民代表大会补选；在补选以前，由全国人民代表大会常务委员会委员长暂时代理主席职位。国家主席、副主席行使职权到下届全国人民代表大会选出的主席、副主席就职为止。

（三）国务院

1. 国务院的性质和组成

中华人民共和国国务院，即中央人民政府，是最高国家权力机关的执行机关，是最高国家行政机关。国务院对全国人民代表大会负责并报告工作；在全国人民代表大会闭会期间，对全国人民代表大会常务委员会负责并报告工作。

国务院由总理、副总理若干人、国务委员若干人、国务院秘书长及各部部长、各委员会主任、审计署审计长组成。国务院每届任期同全国人民代表大会每届任期相同，总理、副总理、国务委员连续任职不得超过两届。国务院实行总理负责制。总理领导国务院的工作，副总理、国务委员协助总理工作。总理、副总理、国务委员、秘书长组成国务院常务会议。总理召集和主持国务院常务会议和国务院全体会议。第十三届国务院领导由一名总理、四名副总理、五名国务委员组成。

2. 国务院的职权

国务院行使下列职权：①行政法规的制定和发布权，行政措施的规定权。②提出议案权。向全国人民代表大会或全国人民代表大会常务委员会提出议案。③领导权和监督权。④行政工作的全面领导和管理权。⑤保护华侨、归侨和侨眷，批准省级行政区域划分，批准县、市的建置和区域划分的等其他职权。

（四）中央军事委员会

中央军事委员会是国家的最高军事领导机关，领导和指挥全国武装力量。中央军事委员会由全国人民代表大会产生并向它负责，每届任期同全国人民代表大会每届任期相同。中央军事委员会由主席、副主席若干人、委员若干人组成。中央军委实行主席负责制，中央军委主席对全国人民代表大会及其常务委员会负责。

（五）地方国家机关

1. 地方各级人民代表大会

地方各级人民代表大会是地方国家权力机关，由选民或选举单位选出的人民代表组成，它同全国人民代表大会一起构成我国国家权力机关系统。

2. 地方各级人民政府

地方各级人民政府是地方各级国家权力机关的执行机关，是地方各级国家行政机关。地方各级人民政府从属于本级国家权力机关，它由本级国家权力机关产生，对本级人民代表大会及其常务委员会负责并报告工作。地方国家行政机关，还要接受上级人民政府的领导，向它负责。

3. 民族自治地方的自治机关

民族自治地方的自治机关是自治区、自治州、自治县的人民代表大会和人民政府。民族自治地方的自治机关具有双重性质。它首先是一级地方国家机关，同其他地方国家机关，实行同样的组织原则，它的产生、任期和职能也与一般地方国家机关相同。同时，它又是民族自治机关，代表实行自治的民族行使自治权，自主管理本民族的内部事务。

（六）监察委员会

监察委员会是我国为应对反腐败而深化纪检监察体制改革和中央纪委国家监委机构改革的最新制度创新。改革后从政府系统中分离出来的监察机关，依法行使监察权。2018年3月11日，第十三届全国人民代表大会第一次会议通过修改《宪法》，产生了中华人民共和国国家监察委员会。3月17日，监察部、国家预防腐败局并入新组建的国家监察委员会。3月18日，第十三届全国人民代表大会第一次会议选举杨晓渡为中华人民共和国国家监察委员会主任。3月21日，十三届全国人大常委会第一次会议经表决任命了国家监察委员会副主任和国家监察委员会委员。3月23日，中华人民共和国国家监察委员会在北京揭牌，举行新任国家监察委员会副主任、委员宪法宣誓仪式。

中华人民共和国各级监察委员会是国家的监察机关。中华人民共和国设立国家监察委员会和地方各级监察委员会。国家监察委员会是最高监察机关，国家监察委员会领导地方各级监察委员会的工作，上级监察委员会领导下级监察委员会的工作。国家监察委员会对全国人民代表大会和全国人民代表大会常务委员会负责。地方各级监察委员会对产生它的国家权力机关和上一级监察委员会负责。

监察委员会由主任、副主任和委员若干人组成。监察委员会主任每届任期同本级人民代表大会，连续任职不得超过两届。监察法规定，监察机关的主要职能是，对所有行使公权力的公职人员进行监察，调查职务违法和职务犯罪，开展廉政建设和反腐败工作，维护宪法和法律的尊严。监察委员会依照法律规定独立行使监察权，不受行政机关、社会团体和个人的干涉。监察机关办理职务违法和职务犯罪案件，应当与审判机关、检察机关、执法部门互相配合，互相制约。

（七）人民法院和人民检察院

1. 人民法院

人民法院是国家的审判机关。人民法院依照法律规定独立行使审判权，不受行政机关、社会团体和个人的干涉。

我国设立最高人民法院、地方各级人民法院和军事法院等专门人民法院。最高人民法院院长由全国人民代表大会选举产生，向全国人民代表大会负责并报告工作。地方各级人民法院院长由地方各级人民代表大会选举产生，向本级人民代表大会负责并报告工作。

最高人民法院是最高审判机关，最高人民法院监督地方各级人民法院和专门人民法院的审判工作，上级人民法院监督下级人民法院的审判工作。

2. 人民检察院

人民检察院是国家的法律监督机关。人民检察院依照法律规定独立行使检察权，不受行政机关、社会团体和个人的干涉。

我国设最高人民检察院、地方各级人民检察院和军事检察院等专门人民检察院。最高人民检察院检察长由全国人民代表大会选举产生，向全国人民代表大会负责并报告工作。地方各级人民检察院检察长由地方各级人民代表大会选举产生，向本级人民代表大会负责并报告工作，并对上级人民检察院负责。

最高人民检察院是最高检察机关，最高人民检察院领导地方各级人民检察院和专门人民检察院的工作；上级人民检察院领导下级人民检察院的工作。

【推荐读物】

1. 历史深处的忧虑．林达．三联书店2013年第3版。
2. 总统是靠不住的．林达．三联书店2013年第3版。
3. 我也有一个梦想．林达．三联书店2013年第3版。
4. 夜阑烛火集．蔡定剑．法律出版社2008年版。
5. 黑白圆方：法治民主权利正义论集．蔡定剑．法律出版社2003年版。
6. 甘为法学献春秋——许崇德传．朱松岭．江苏人民出版社2013年版。
7. 设计民主：论宪法的作用．［美］凯斯·孙斯坦．法律出版社2006年版。
8. 联邦党人文集．［美］汉密尔顿、杰伊、麦迪逊．商务印书馆2006年版。
9. 宪政新论——全球化时代的法与社会变迁．季卫东．北京大学出版社2005年第2版。
10. 西方宪政体系．（上册美国宪法）．张千帆．中国政法大学出版社2004年第2版。

第二编

实体法与权利义务

导　语

　　法律是通过规定人们的具体权利和义务来调整社会关系的，自然人、法人等法律主体参与到具体的法律关系当中必须通过其所享有的权利和承担的义务来实现。遵守法律规范即享受权利或履行义务。在具体部门法中，民法、行政法、刑法最为重要。它们不仅是教育部指定的大学法学院里最为重要的必修课，也是国家统一法律职业资格考试的重要科目，所占分数达 2/3 以上。

　　民法是调整平等主体的自然人、法人、非法人组织之间的财产关系和人身关系的法律规范。行政法是调整行政机关等行政主体与行政相对人之间关于行政许可、行政处罚等行政行为以及行政复议、行政赔偿等行政救济的法律规范。刑法是认定什么是犯罪，如何区分罪与非罪、此罪与彼罪，如何对犯罪实施刑罚的法律规范。

　　本编包括第三章民法、第四章行政法和第五章刑法。民法主要介绍民事法律关系、民事主体、民事权利、民事法律行为和代理、民事责任等民法总则，所有权、用益物权、担保物权等物权法的内容，合同的订立与效力、合同的履行和变更承诺、违约责任等合同法的内容，结婚、无效婚姻、可撤销婚姻、家庭关系、夫妻共同财产、离婚等婚姻法的内容。行政法主要介绍行政主体、行政行为、行政许可、行政处罚、行政复议等内容。刑法主要介绍犯罪及其构成要件等犯罪理论，刑罚的种类、裁量与执行等刑法理论，以及我国刑法中的十类犯罪种类。

第三章 民法

┃本章重要概念和术语┃
　　民法　民事法律关系　民事主体　自然人　民事权利能力　民事行为能力　监护　法人　非法人组织　民事权利　知识产权　人身权　人格权　民事法律行为　代理　民事责任　违约责任　诉讼时效　物权　所有权　用益物权　担保物权　无效婚姻　可撤销婚姻　诉讼离婚

第一节　民法总则

一、民法的概念与基本原则

（一）民法的概念

民法是调整平等主体的自然人之间、法人之间、非法人组织之间，以及它们相互之间的财产关系和人身关系的法律规范的总称。民法是一部保护民事主体的合法权益，调整民事关系、维护社会和经济秩序的社会主义市场经济基本法。

民法的概念有广义和狭义之分。广义的民法泛指所有民事法律规范，包括物权法、合同法、侵权行为法、婚姻法、继承法、收养法等。狭义的民法专指国家制定颁布的民法典。

现行的民法主要是指1987年1月1日起施行的《民法通则》，它是我国第一部调整民事关系的基本法律。此后，我国先后制定了几部重要的民事法律，分别是1999年的《合同法》、2007年的《物权法》、2009年的《侵权责任法》。2017年3月15日，十二届全国人民代表大会第五次会议审议通过了《民法总则》。

2019年12月16日共计1260条的《中华人民共和国民法典（草案）》公布，该草案包括总则、物权、合同、人格权、婚姻家庭、继承、侵权责任7编。《民法典》通过后，现行的《民法总则》《物权法》《合同法》《婚姻法》《继承法》《收养法》《侵权责任法》都将被废止，属于中国的民法典时代即将来临。

此外，我们还要学习知识产权法、涉外法律关系适用法等，才能理解并掌握一套完整的民法知识体系。

（二）民法的基本原则

民法的基本原则是民事立法、司法和民事活动具有普遍指导意义和约束功能的基本行为准则，是解释、执行民事法律规范以及处理各类民事纠纷的根本规则，甚至可以直接作为人民法院审判案件的依据。一类是对民法内容有普遍约束力的原则，另一类是适用于特定民事法律关系的原则。具体包括以下原则。

1. 合法权益受法律保护原则

即民事主体的人身权利、财产权利以及其他合法权益受法律保护，任何组织或者个人不得侵犯。

2. 平等原则

是指民事主体在民事活动中的法律地位是平等的，没有高低贵贱之分。平等原则是民法的核心原则，是对特权的否定。店大欺客、客大欺店都是违反民法平等原则的。

3. 自愿原则

民事活动要遵从意思自治，民事主体按照自己的意思设立、变更、终止民事法律关系，也就是说从事民事活动，应当出于自愿，不能强买强卖。

4. 公平原则

民事主体从事民事活动，应当遵循公平原则，合理确定各方的权利和义务。

5. 诚实信用原则

这一原则在民法中地位很高，被冠以"帝王条款"，是指应当遵循诚信原则，秉持诚实，恪守承诺。

6. 公序良俗原则

民事主体在追求自由和利益时，应符合社会公共利益的要求，不得违反社会公德，不得违反以社会群体利益、经济秩序等为内容的社会公共利益。处理民事纠纷应当依照法律，法律没有规定的，可以适用习惯，但是不得违背公序良俗。

7. 绿色原则

要求民事主体从事民事活动，应当有利于节约资源、保护生态环境。

（三）民事法律关系

人在社会生活中会形成各种各样的社会关系，受各种不同的规范调整。由民法调整形成的社会关系就是民事法律关系。民事法律关系是指民事法律规范所调整的社会关系，即为民法所确认和保护的，符合民事法律规范，以权利义务为内容的社会关系。民事法律关系的主体、客体和内容为民事法律关系的要素。

主体是指参与民事法律关系享受民事权利和负担民事义务的人。自然人、法人和非法人组织都是民事主体。

内容是民事主体在民事法律关系中享有的权利和负担的义务，即当事人之间的民事权利和民事义务。民事法律关系的内容包括权利和义务两个方面。

客体是指民事法律关系中的权利和义务共同指向的对象。根据利益的表现形式，可分为物、行为、智力成果、人身利益四类。

二、民事主体

民事主体是指参加民事法律关系，享有民事权利和承担民事义务的人，包括自然人、法人和非法人组织。

(一) 自然人

自然人是指出生于母体、具有自然生命形式的人。民法通则把他规定为公民,但公民是具有一国国籍的自然人,还存在外国人、无国籍人等。1999年《合同法》就不再用公民,而是用自然人。自然人要具备民事权利能力和民事行为能力。

1. 民事权利能力

自然人从出生时起到死亡时止,具有民事权利能力,依法享有民事权利,承担民事义务,而且自然人的民事权利能力一律平等。自然人的出生、死亡时间,分别以出生证明、死亡证明或户籍、其他有效身份登记记载的时间为准。胎儿因为还未出生,还不属于人,但我国法律明确规定,涉及遗产继承、接受赠与等胎儿利益保护的,胎儿视为具有民事权利能力。如果胎儿出生时为死体的,它的民事权利能力就视为自始不存在。

2. 民事行为能力

这是指自然人具有通过自己的独立行为进行民事活动,取得民事权利承担民事义务的资格。民事权利能力是法律赋予自然人的应该享有的权利或承担的义务,要想真正实现,还必须具有一定程度的辨别和控制事务能力。《民法总则》根据自然人的年龄和智力状况将他的民事行为能力分为三类:完全民事行为能力人、限制民事行为能力人和无民事行为能力人。

(1) 完全民事行为能力人,完全具有以自己的独立行为进行民事活动的资格,可以合法进行任何民事活动。年满18周岁且智力正常的自然人是完全民事行为能力人,可以独立实施民事法律行为。虽然不满18周岁但已经是16周岁以上、且以自己的劳动收入为主要生活来源的未成年人,也可以视为完全民事行为能力人。

(2) 限制民事行为能力人,是指自然人只具有部分的民事行为能力,不完全具有以自己的独立行为进行所有民事活动的资格,即其民事活动的范围是有限制的,部分民事活动可以直接参加,部分民事活动只能通过他的法定代理人,或征得他的法定代理人的同意,或者由其法定代理人事后予以追认，否则行为无效。如一名10周岁的小学生将父母银行卡里的几万元打赏给了网络直播的主播，其付款行为需父母认可方为有效。限制民事行为能力人也有两种，一种是不能完全辨认自己行为的精神病人，一般指间歇性精神病人，另一种是一定年龄以上的未成年人，民法通则规定10周岁以上，民法总则把它降为8周岁，即8周岁以上的未成年人。

（3）无民事行为能力人，是指不具有独立从事民事活动能力的人。不满8周岁的未成年人和不能辨认自己行为的成年人（包括不能辨认自己行为的8周岁以上的未成年人）的无民事行为能力人不能进行民事活动，由其法定代理人代理实施民事法律行为。

3. 监护

监护是指对无民事行为能力人、限制民事行为能力人的人身权利、财产权利及其他合法权益进行保护的法律制度。承担监护职责的人称为监护人，被监护的无民事行为能力人、限制民事行为能力人称为被监护人。

父母是对未成年子女负有抚养、教育和保护义务的监护人。父母已死亡或没有监护能力的未成年人，由有监护能力的祖父母或外祖父母、兄或姐、其他经未成年人住所地的居委会、村委会或民政部门同意并愿意担任监护人的个人或组织，按顺序担任监护人。

无民事行为能力或限制民事行为能力的成年人，由配偶、父母或子女、其他近亲属、其他经被监护人住所地的居委会、村委会或民政部门同意且愿意担任监护人的个人或组织按顺序担任监护人。

监护人的职责是代理被监护人实施民事法律行为，保护被监护人的人身、财产以及其他合法权益。监护人应当按照最有利于被监护人的原则履行监护职责，除为维护被监护人利益外，不得处分被监护人的财产。监护人不履行监护职责或侵害被监护人合法权益的，应承担法律责任。

4. 宣告失踪和宣告死亡

宣告失踪是法院根据利害关系人的申请，依法宣告下落不明满一定期限的自然人为失踪人，以确定其财产关系的一种制度。宣告死亡是指自然人失踪达一定期间后，法院根据利害关系人的申请，依法宣告该自然人死亡，以确定其生前住所地的民事法律关系的一种制度。

5. 个体工商户和农村承包经营户

自然人从事工商业经营，经依法登记，为个体工商户。个体工商户可以起字号。个体工商户的债务，个人经营的以个人财产承担；家庭经营的以家庭财产承担；无法区分的则以家庭财产承担。

农村集体经济组织的成员，依法取得农村土地承包经营权，从事家庭承包经营的，为农村承包经营户。农村承包经营户的债务，以从事农村土地承包经营的农户财产承担；事实上由农户部分成员经营的，以该部分成员的财产承担。

（二）法人

法人是具有民事权利能力和民事行为能力，依法成立并独立享有民事权利和承担民事义务，以其全部财产独立承担民事责任的组织。法人应当有自己的名称、组织机构、住所、财产或者经费。法人的民事权利能力和民事行为能力，从法人成立时产生，到法人终止时消灭。法人分为营利法人、非营利法人和特别法人。

1. 营利法人

营利法人是指以取得利润并分配给股东等出资人为目的，经依法登记成立的法人。营利法人包括有限责任公司、股份有限公司和其他企业法人等。依法设立的营利法人，由登记机关发给营利法人营业执照，依法制订法人章程，设权力机构、执行机构、监督机构。

2. 非营利法人

非营利法人是指为公益或其他非营利目的成立，不向出资人、设立人或会员分配所取得利润的法人。非营利法人包括事业单位、社会团体、基金会、社会服务机构等。

3. 特别法人

机关法人、农村集体经济组织法人、城镇农村的合作经济组织法人、基层群众性自治组织法人为特别法人。有独立经费的机关和承担行政职能的法定机构从成立之日起，具有机关法人资格，可以从事为履行职能所需要的民事活动。农村集体经济组织、城镇农村的合作经济组织依法取得法人资格。居委会、村委会具有基层群众性自治组织法人资格，可以从事为履行职能所需要的民事活动。

（三）非法人组织

非法人组织是指依照法律的规定登记，不具有法人资格，但是能够依法以自己的名义从事民事活动的组织。我国经济社会生活中有大量不具有法人资格的组织以自己的名义从事各种民事活动，比如个人独资企业、合伙企业、各种专业服务机构等。赋予这些组织民事主体地位有利于其开展民事活动，也便于与合伙企业法、个人独资企业等法律规定相衔接。

在责任承担上，非法人组织的财产不足以清偿债务的，其出资人或设立人承担无限责任。当非法人组织章程规定的存续期间届满或章程规定的其他解散事由出现，或出资人、设立人决定解散，以及法律规定的其他情形出现时，非法人组织应当解散，并依法进行清算。

三、民事权利

民事权利是民事主体依据民事法律取得的可以实施一定行为或获取一定利益的法律资格。民事权利可以分为财产权和人身权。财产权是指以财产为客体、以财产利益为内容的民事权利，主要包括物权、债权等。人身权是指以特定的人身利益为客体，不直接体现财产内容的民事权利，主要是人格权和身份权。有些民事权利如著作权就既有财产权性质又有人身权性质。

保护民事权利是民事立法的重要任务，是贯彻落实党中央关于实现公民权利保障法治化和完善产权保护制度的要求，凸显对民事权利的尊重，加强对民事权利的保护，为民法典各分编和民商事特别法律具体规定民事权利提供依据。

（一）人身权利

人身权利包括人格权与身份权。人格权是法律赋予民事主体以人格利益，自然人的人身自由、人格尊严受法律保护。自然人享有生命权、身体权、健康权、姓名权、肖像权、名誉权、荣誉权、隐私权、婚姻自主权等具体的人格权利。自然人因婚姻、家庭关系等产生的人身权利受法律保护。法人、非法人组织也享有名称权、名誉权、荣誉权等人格权利。

(二) 财产权利

民事主体依法享有的物权、债权、继承权、股权和其他投资性权利等财产权利受法律平等保护。物权是权利人依法对特定的物享有直接支配和排他的权利，包括所有权、用益物权和担保物权。债权是因合同、侵权行为、无因管理、不当得利以及法律的其他规定，权利人请求特定义务人为或者不为一定行为的权利，是一种请求权。债权包括合同、侵权行为、无因管理、不当得利等产生的请求权。

(三) 知识产权

知识产权是指人们基于自己的智力活动创造的成果和经营管理活动中的经验、知识而依法享有的权利。知识产权包括著作权、专利权、商标权及地理标志权、商业秘密权、植物新品种权等。

四、民事法律行为与代理

民事法律行为是民事主体通过意思表示设立、变更、终止民事法律关系的行为。民事法律行为可以采用书面、口头或其他形式；法律、行政法规规定或当事人约定采用特定形式的，应当采用特定形式。

(一) 民事法律行为的成立与效力

民事法律行为的成立是指按照法律规定成立民事法律行为应当包括的事实要素。民事法律行为可以基于双方或多方的意思表示一致成立，也可以基于单方的意思表示成立。除非法律另有规定或当事人另有约定，具备下列条件的民事法律行为自成立时生效：①行为人具有相应的民事行为能力；②意思表示真实；③不违反法律、行政法规的强制性规定，不违背公序良俗。限制民事行为能力人实施的纯获利益的民事法律行为或者与其年龄、智力、精神健康状况相适应的民事法律行为有效。

（二）无效民事法律行为

无效民事法律行为是指已经成立，但因严重欠缺有效要件而自始、绝对、确定不发生法律效力的民事法律行为。它包括以下的民事行为：①不具有相应民事行为能力的人实施的；②行为人与相对人以虚假的意思表示实施的；③违反法律、行政法规的强制性规定，或违背公序良俗的；④行为人与相对人恶意串通，损害他人合法权益的。

（三）可撤销民事法律行为

可撤销民事法律行为是指虽然已经成立但因欠缺生效要件，可以因行为人撤销权的形式而自始归于无效的民事法律行为。

可撤销民事法律行为包括重大误解、欺诈或胁迫、显失公平三类，行为人、受欺诈方、受胁迫方或受损害方有权请求法院或仲裁机构予以撤销，具体包括：①因重大误解而实施的；②一方以欺诈手段使对方在违背真实意思的情况下实施的；③第三人实施欺诈行为，使一方在违背真实意思的情况下实施的民事法律行为，对方知道或者应当知道该欺诈行为的；④一方或者第三人以胁迫手段，使对方在违背真实意思的情况下实施的；⑤一方利用对方处于危困状态、缺乏判断能力等情形，致使民事法律行为成立时显失公平的。

（四）民事法律行为的附条件和附期限

民事法律行为可以附条件，但是按照其性质不得附条件的除外。附生效条件的民事法律行为，自条件成就时生效。附解除条件的民事法律行为，自条件成就时失效。附条件的民事法律行为，当事人为自己的利益不正当地阻止条件成就的，视为条件已成就；不正当地促成条件成就的，视为条件不成就。

民事法律行为可以附期限，但是按照其性质不得附期限的除外。附生效期限的民事法律行为，自期限届至时生效。附终止期限的民事法律行为，自期限届满时失效。

（五）代理

代理是指民事主体通过代理人在代理权限内，以被代理人名义实施的，对被代理人发生效力的民事法律行为。代理包括委托代理和法定代理。

1. 委托代理

委托代理授权采用书面形式的，授权委托书应当载明代理人的姓名或者名称、代理事项、权限和期间，并由被代理人签名或者盖章。

行为人没有代理权、超越代理权或者代理权终止后，仍然实施代理行为，相对人有理由相信行为人有代理权的，属于表见代理，代理行为有效。

2. 代理终止

委托代理因下列之一的情形而终止：①代理期间届满或者代理事务完成；②被代理人取消委托或者代理人辞去委托；③代理人丧失民事行为能力；④代理人或者被代理人死亡；⑤作为代理人或者被代理人的法人、非法人组织终止。

五、民事责任

（一）民事责任的概念和类别

民事责任是法律责任的一种，是指民事主体违反法律规定侵犯对方合法权益或违反合同约定没有履行民事义务，依法应承担的民事法律后果。民事责任可以分为按份责任与连带责任。按份责任是指多数当事人按照法律的规定或者合同的约定，各自承担一定份额的民事责任。连带责任是指多数当事人按照法律的规定或者合同的约定，连带地向权利人承担责任。如合伙人对合伙之债权人的责任，共同侵权人的连带责任，连带保证人之间的连带责任。

（二）民事责任的承担方式

民事责任的承担方式有十一种：停止侵害，排除妨碍，消除危险，返还财产，恢复原状，修理、重作、更换，继续履行，赔偿损失，支付违约金，消除影响、恢复名誉，赔礼道歉。民事责任的方式可以单独适用，也可以合并适用。

（三）民事责任的免除或减轻

民事责任可以因下列原因而免除或减轻。

1. 不可抗力

不可抗力是指不能预见、不能避免且不能克服的客观情况。因不可抗力不能履行民事义务的，不承担民事责任。

2. 正当防卫

民法中的正当防卫是指为使自己或他人免于遭受现时的不法侵害而有必要进行的防卫。因正当防卫造成损害的不承担民事责任，超过必要的限度造成不应有的损害的，正当防卫人应当承担适当的民事责任。

3. 紧急避险

民法中的紧急避险是指为了使社会公共利益、本人或者他人的合法权益免受更大的伤害，在迫不得已的情况下采取的牺牲其中较轻的利益，保全较重的利益的行为。因紧急避险造成损害的，由引起险情发生的人承担民事责任。危险由自然原因引起的，紧急避险人不承担民事责任，可以给予适当补偿。紧急避险采取措施不当或者超过必要的限度，造成不应有的损害的，紧急避险人应当承担适当的民事责任。

4. 见义勇为

因自愿实施紧急救助行为造成受助人损害的，救助人不承担民事责任。因保护他人民事权益使自己受到损害的，由侵权人承担民事责任，受益人可以给予适当补偿。没有侵权人、侵权人逃逸或无力承担民事责任，受害人请求补偿的，受益人应当给予适当补偿。

（四）诉讼时效

诉讼时效是指民事主体权利超过一定的期间内不行使权利，丧失请求法院、强制义务人履行义务从而对他的权利无法进行有效保护的制度。在法律规定的诉讼时效期间内，权利人提出请求的，法院就强制义务人履行义务。而在诉讼时效期间届满之后，权利人行使请求权的，法院可能就不再保护了。

普通诉讼时效又称为一般诉讼时效，指在一般情况下普遍适用的时效。《民法总则》第188条规定，向人民法院请求保护民事权利的诉讼时效期限为3年。改变了1986年《民法通则》两年的规定。

特殊诉讼时效是指针对某些特定的民事法律关系而规定的诉讼时效。特殊时效优于普通时效，适用特殊时效。包括以下情形。

（1）1年的短期诉讼时效。身体受到伤害要求赔偿的，出售质量不合格的商品未声明的，延付或拒付租金的，寄存财物被丢失或损毁的；

（2）2年与20年之间。我国环境保护法、合同法、保险法、海商法分别对环境污染损害赔偿、国际货物买卖合同和技术进出口合同、保险合同、海上货运赔偿、油污损害等特殊案件规定了1～4年不等的诉讼时效；

（3）20年最长诉讼时效。即从权利被侵害之日起超过20年，人民法院不予保护。

诉讼时效期间起算，即诉讼时效期间的开始，从权利人知道或应当知道其权利受到侵害之日起开始计算。在诉讼时效进行期间，还会因发生不可抗力等原因而中止或中断。

第二节　物权法

一、物权理论与物权立法

（一）物权理论

物权是指权利人依法对特定的物享有直接支配和排他的权利，包括所有权和他物权。他物权包括用益物权和担保物权。物权的取得和行使，应当遵守法律，尊重社会公德，不得损害公共利益和他人合法权益。民法上的物包括不动产和动产。不动产指土地和建筑物等土地附着物，不动产物权的设立、变更、转让和消灭，应当依照法律规定登记，自记载于不动产所在地的登记机构的不动产登记簿时才发生效力。不动产权属证书是权利人享有该不动产物权的证明，我们每个人最为熟悉的不动产权属证书就是居住房屋的不动产权证。动产指除不动产以外的物，动产物权的设立和转让，应当依照法律规定交付。船舶、航空器和机动车等物权的设立、变更、转让和消灭，未经登记，不得对抗善意第三人。

（二）物权法

物权法是指调整因物的归属和利用而产生的民事关系的法律规范。物权法是规范财产关系的民事基本法律。物权法的起草工作始于1993年。2002年12月九届全国人民代表大会常务委员会对民法草案物权法编初次审议。十届全国人民代表大会常务委员会把制定物权法列入重要议程，2005年7月将物权法草案向社会全文公布，共收到意见1万多件。在2007年3月十届全国人民代表大会五次会议上，历时14年经过七次审议终于表决通过了物权法。于2007年10月1日起施行的物权法共5编19章247条。

二、所有权

所有权是物权的所有权人对自己的不动产或动产，依法享有占有、使用、收益和处分的权利。占有是民事主体对于标的物实际上的占领、控制。使用是指依照物的性质和用途，并不毁损其物或变更其性质而加以利用。收益是指收取标的物的孳息。处分是决定财产事实上和法律上命运的权能。例如一套房子，所有权人可以自己或交给他人居住从而占有、使用，可以出租收租金，也可以出售予以处分。

所有权人有权在自己的不动产或者动产上设立用益物权和担保物权。用益物权人、担保物权人行使权利，不得损害所有权人的权益。

（一）国家所有权和集体所有权、私人所有权

法律规定属于国家所有的财产即国有财产，属于国家所有即全民所有。矿藏、水流、海域，城市的土地和法律规定属于国家所有的农村和城市郊区的土地，除法律规定属于集体所有之外的森林草原等自

然资源，国防资产和无线电频谱资源，法律规定属于国家所有的文物、野生动植物资源和铁路、公路、电力电信设施和油气管道等基础设施，都属于国家所有。

集体所有的不动产和动产包括：①法律规定属于集体所有的土地和森林草原等；②集体所有的建筑物、生产设施、农田水利设施和教科文卫体设施；③集体所有的其他不动产和动产。农民集体所有的不动产和动产，属于本集体成员集体所有。城镇集体所有的不动产和动产，依照法律、行政法规的规定由本集体享有占有、使用、收益和处分的权利。

私人对其合法的收入、房屋、生活用品、生产工具、原材料等不动产和动产享有所有权。私人合法的储蓄、投资及其收益、继承权及其他合法权益受法律保护。

（二）业主的建筑物区分所有权

建筑物区分所有权是业主对建筑物与其他部分区别开来的某一特定部分所享有的所有权。随着住房制度改革，越来越多的城镇居民拥有自己的房屋，而且大量集中在住宅小区内，业主的建筑物区分所有权已经成为私人不动产物权中的重要权利。

业主对建筑物内的住宅、经营性用房等专有部分享有占有、使用、收益和处分的所有权，对建筑物专有部分以外的共有部分享有共有和共同管理的权利，承担义务；不得以放弃权利不履行义务。

除属于城镇公共道路、绿地或明示属于个人的绿地外，建筑区划内的道路、绿地，以及其他公共场所、公用设施和物业服务用房，占用业主共有的道路或者其他场地用于停放汽车的车位，属于业主共有。建筑区划内规划用于停放汽车的车位、车库也应当首先满足业主的需要。

（三）相邻关系

相邻关系是指不动产相邻各方在行使所有权或使用权时，因相互间应当给予方便或接受限制而发生的权利义务关系。相邻关系是土地或房屋相邻不动产的所有人或使用人行使权利的延伸或限制。

不动产的相邻权利人应当按照有利生产、方便生活、团结互助、公平合理的原则,正确处理相邻关系。处理相邻关系依照法律、法规,法律、法规没有规定的可以按照当地习惯。不动产权利人应当为相邻权利人用水、排水、通行、铺设管线等必须利用其土地、建筑物的提供必要的便利。

(四)共有

共有是指两个以上的人对同一项财产享有同一个使用权的一种法律关系。不动产或者动产可以由两个以上单位、个人共有。共有包括按份共有和共同共有。按份共有人对共有的不动产或动产按照其份额享有所有权。共同共有人对共有的不动产或动产共同享有所有权。共有人对共有的不动产或者动产没有约定为按份共有或者共同共有,或者约定不明确的,除共有人具有家庭关系等外,视为按份共有。共有人按照约定管理共有的不动产或动产;没有约定或约定不明确的,各共有人都有管理的权利和义务。

处分共有的不动产或动产以及对共有的不动产或动产作重大修缮的,应当经占份额 2/3 以上的按份共有人或全体共同共有人同意,但共有人之间另有约定的除外。

三、用益物权

用益物权人是权利人对他人所有的不动产或动产,依法享有占有、使用和收益的权利。国家或集体所有的自然资源,单位、个人依法可以有偿占有、使用和收益。

(一)土地承包经营权

土地承包经营权是指农户或其他自然人、法人或非法人组织依法对其承包经营并从事种植业、林业、畜牧业等农业生产经营的耕地、林地、草地等享有占有、使用和收益的权利。土地承包经营权具有物权属性。

农村集体经济组织实行家庭承包经营为基础、统分结合的双层经营体制。农民集体所有和国家所有由农民集体使用的耕地、林地、草地以及其他用于农业的土地，依法实行土地承包经营制度。耕地、草地、林地的承包期分别为 30 年、30~50 年、30~70 年。

土地承包经营权自土地承包经营权合同生效时设立。县级以上地方人民政府应当向土地承包经营权人发放土地承包经营权证、林权证、草原使用权证，并登记造册，确认土地承包经营权。

土地承包经营权人依照农村土地承包法的规定，有权将土地承包经营权采取转包、互换、转让等方式流转。承包地在承包期内被征收的，土地承包经营权人有权依法获得相应补偿。

(二) 建设用地使用权

建设用地使用权是指建设用地使用权人有权利用该土地建造建筑物、构筑物及其附属设施，依法对国家所有的土地享有占有、使用和收益的权利。

设立建设用地使用权，可以采取出让或者划拨等方式。工业、商业、旅游、娱乐和商品住宅等经营性用地以及同一土地有两个以上意向用地者的，应当采取招标、拍卖等公开竞价的方式出让。采取招标、拍卖、协议等出让方式设立建设用地使用权的，当事人应当采取书面形式订立建设用地使用权出让合同。

建设用地使用权出让合同一般包括下列条款：①当事人的名称和住所；②土地界址、面积等；③建筑物、构筑物及其附属设施占用的空间；④土地用途；⑤使用期限；⑥出让金等费用及其支付方式；⑦解决争议的方法。

设立建设用地使用权的，应当向登记机构申请建设用地使用权登记。登记机构应当向建设用地使用权人发放建设用地使用权证书。

(三) 宅基地使用权

宅基地使用权是指自然人依法取得的利用国家或集体的宅基地建造住宅及其附属设施并居住使用的权利。宅基地因自然灾害等原因灭失的，宅基地使用权消灭。对失去宅基地的村民，应当重新分配宅基地。已经登记的宅基地使用权转让或者消灭的，应当及时办理变更登记或者注销登记。

（四）地役权

地役权是为了提高自己的不动产的效益而按照合同约定，利用他人的不动产的一种物权。他人的不动产为供役地，自己的不动产为需役地。

设立地役权，当事人应当采取书面形式订立地役权合同，一般包括下列条款：①当事人的姓名或者名称和住所；②供役地和需役地的位置；③利用目的和方法；④利用期限；⑤费用及其支付方式；⑥解决争议的方法。

供役地权利人应当按照合同约定，允许地役权人利用其土地，不得妨害地役权人行使权利。地役权人应当按照合同约定的利用目的和方法利用供役地，尽量减少对供役地权利人物权的限制。

地役权人有下列情形之一的，供役地权利人有权解除地役权合同，地役权消灭：①违反法律规定或者合同约定，滥用地役权；②有偿利用供役地，约定的付款期间届满后在合理期限内经两次催告未支付费用。

四、担保物权

（一）担保物权概述

1. 担保物权的概念

担保物权是指为了担保债务的履行，在债务人或第三人特定的财产上设定的具有变价权和优先受偿权内容的一种他物权。债权人在借贷、买卖等民事活动中，为保障实现其债权，需要担保的，可以依法设立担保物权。担保物权人在债务人不履行到期债务或者发生当事人约定的实现担保物权的情形，依法享有就担保财产优先受偿的权利。

2. 担保合同

设立担保物权，应当依法订立担保合同。担保合同是主债权债务合同的从合同。主债权债务合同无效，担保合同无效，法律另有规定的除外。担保合同被确认无效后，债务人、担保人、债权人有过错的，应当根据其过错各自承担相应的民事责任。

担保物权的担保范围包括主债权及其利息、违约金、损害赔偿金、保管担保财产和实现担保物权的费用。

有下列情形之一的，担保物权消灭：①主债权消灭；②担保物权实现；③债权人放弃担保物权；④法律规定担保物权消灭的其他情形。

（二）抵押权

抵押权是指债务人或第三人为担保债务的履行，不转移财产的占有，将该财产抵押给债权人，债务人不履行到期债务或发生当事人约定的实现抵押权的情形，债权人有权就该财产优先受偿的一种担保物权。债务人或者第三人为抵押人，债权人为抵押权人，提供担保的财产为抵押财产。

1. 可抵押财产

债务人或第三人可以将有权处分的下列财产分别抵押或一并抵押：①建筑物和其他土地附着物；②建设用地使用权；③以招标、拍卖、公开协商等方式取得的荒地等土地承包经营权；④生产设备、原材料、半成品、产品；⑤正在建造的建筑物、船舶、航空器；⑥交通运输工具；⑦法律、行政法规未禁止抵押的其他财产。

2. 不得抵押财产

下列财产不得抵押：①土地所有权；②耕地、宅基地、自留地、自留山等集体所有的土地使用权，但法律规定可以抵押的除外；③学校、幼儿园、医院等以公益为目的的事业单位、社会团体的教育设施、医疗卫生设施和其他社会公益设施；④所有权、使用权不明或者有争议的财产；⑤依法被查封、扣押、监管的财产；⑥法律、行政法规规定不得抵押的其他财产。

3. 抵押合同

设立抵押权，当事人应当采取书面形式订立抵押合同，一般包括下列条款：①被担保债权的种类和数额；②债务人履行债务的期限；③抵押财产的名称、数量、质量、状况、所在地、所有权归属或者使用权归属；④担保的范围。

（三）质权

又叫质押权，是指债务人或者第三人为担保债务的履行，将其动产出质给债权人占有，债务人不履行到期债务或发生当事人约定的实现质权的情形，债权人有权就该动产优先受偿的一种担保物权。债务人或者第三人为出质人，债权人为质权人，交付的动产为质押财产。

1. 质权合同

当事人设立质权应当采取书面形式订立质权合同，一般包括下列条款：①被担保债权的种类和数额；②债务人履行债务的期限；③质押财产的名称、数量、质量、状况；④担保的范围；⑤质押财产交付的时间。

2. 权利质权

债务人或者第三人可以与质权人订立书面合同，将有权处分的下列权利出质：①汇票、支票、本票；②债券、存款单；③仓单、提单；④可以转让的基金份额、股权；⑤可以转让的注册商标专用权、专利权、著作权等知识产权中的财产权；⑥应收账款；⑦法律、行政法规规定可以出质的其他财产权利。

（四）留置权

留置权是指债务人不履行到期债务，债权人可以留置已经合法占有的债务人的动产，并有权就该动产优先受偿的一种担保物权。债权人为留置权人，占有的动产为留置财产。

第三节 合同法

一、合同与合同法概述

（一）合同概述

1. 合同的概念与特征

合同又称契约，是指平等主体的自然人、法人、其他组织之间设立、变更、终止民事权利义务关系的协议。合同是我们日常生活、商业交往中十分重要的一种文书，不论金钱借贷、房屋买卖、国际货物贸易、技术进出口，都需要用到合同这一工具。

合同是产生债的最重要、最常见的原因，具有以下几个法律特征：它是一种民事法律行为；是一种双方或多方的法律行为；是一种旨在产生债权债务关系的双方合意。

2. 合同的分类

按不同的标准，可以对合同作出不同的分类。根据当事人双方是否在合同中均负有相关义务而分为单务合同与双务合同。根据合同的成立是否要求履行一定的形式和手续分为要式合同与不要式合同，法律要求必须具备特定的形式和手续的合同为要式合同，如经过国家公证处的公证、工商局的鉴证、版权部门的登记等。以合同类型能否在合同法中找到相应的名称为标准而分为有名合同与无名合同。有名合同又称典型合同，是指合同法等法律对这类合同有明文规定并赋予一定名称的合同。《合同法》就对买卖合同、借款合同等15种有名合同作出了详细的规定。另外，保险法、商标法等法律也对保险合同、注册商标使用许可合同等作出了十分详细的规定。无名合同又称非典型合同，是指法律对这类合同没有特别加以规定也未赋予一定的名称的合同。除有名合同外，均为无名合同。

（二）合同法及其作用与基本原则

1. 合同法的概念

合同法是指调整平等民事主体之间利用合同进行财产流转或交易而产生的社会关系的法律规范的总称。我国现行合同法主要是指1999年3月15日通过，自1999年10月1日起施行的《中华人民共和国合同法》，由总则、分则、附则三部分构成，共23章428条。

2. 合同法的作用

合同法是现代各国民事法律制度的重要组成部分，是调整财产流转关系、规范市场交易行为的基本法。从它是由全国人民代表大会而不是全国人民代表大会常务委员会通过的这一特殊立法待遇，就可表明它的重要性。在我国现阶段,作为市场经济领域的基本法,合同法具有保护合同当事人的合法权益、维护社会主义市场经济秩序、促进社会主义现代化建设等作用。

3. 合同法的基本原则

合同法的基本原则是对合同关系的本质和规律进行集中抽象和反映,其效力贯穿于合同法始终的根本规则,是合同法规范的指导思想和根本准则,体现了合同立法的根本精神,是实施法律的根本依据。主要包括:平等原则、合同自由原则、公平原则、诚实信用原则、合法与维护公共利益原则等。

二、合同的订立与效力

(一)合同的订立

当事人双方就合同的内容经过协商达成一致,合同即告成立。合同是双方民事法律行为,必须有当事人双方的一致意思表示。当事人是否签订合同、与谁签订合同、签订什么样的合同,都由当事人自己决定,别人不能干涉。

1. 合同订立的程序

根据合同法的规定,订立合同要经过要约和承诺两个步骤。

(1)要约。也叫发盘,就是向对方发出信息。要约是希望和他人订立合同的意思表示。发出要约的一方当事人叫作要约人,对方当事人叫作受要约人,简称受约人。要约必须由特定的当事人向相对人作出,必须具有订立合同的主观目的,内容必须具体确定。因此,如果一方当事人作出的行为并没有订立合同的目的,就不是要约,但可能是要约邀请。要约邀请是希望他人向自己发出要约的意思表示。例如,寄送的价目表、拍卖公告、招标公告、招股说明书、商业广告等均为要约邀请。但商业广告的内容符合要约规定的,会被视为要约。区分要约与要约邀请的关键,在于一方当事人向对方当事人表示出来的意思是不是具有订立合同的目的。

我国合同法规定,要约到达受要约人时生效。要约一经到达受要约人，要约人与受要约人即均受该意思表示约束。中国古训有言"一言既出，驷马难追"，指的就是作出的承诺要算数。要约人在作出要约后可以把要约撤回或撤销，就是把自己的意思表示撤回来或撤销掉。撤回要约的通知应当在要约到达受要约人之前或者与要约同时到达受要约人，撤销要约的通知则应当在受要约人发出承诺通知之前到达受要约人。但是出现了下面任何一种情况，要约就无法撤销了：①要约人确定了承诺期限或者以其他形式明示要约不可撤销；②受要约人有理由认为要约是不可撤销的，并已经为履行合同作了准备工作。另外，一旦出现下面任何一种情况，要约就宣告失效，不再具有法律效力：①拒绝要约的通知到达要约人；②要约人依法撤销要约；③承诺期限届满，受要约人未作出承诺；④受要约人对要约的内容作出实质性变更。

（2）承诺。合同法规定，承诺是受要约人同意要约的意思表示。承诺要取得成立合同的法律效力，必须同时具备以下条件：①承诺必须由受要约人作出；②承诺必须由受要约人向要约人作出；③受要约人向要约人发出承诺的内容应当与要约的内容一致；④承诺必须在要约的有效期限内向要约人发出；⑤承诺的方式必须符合要约的规定。

如果受要约人作出承诺时对要约的内容作出了实质性变更，便不再是承诺了，而是一种新的要约。所谓对要约内容的实质性变更，是指对有关合同标的、数量、质量、价款或者报酬、履行期限、履行地点和方式、违约责任和解决争议方法等的变更。我们可以举一个例子说明。张三问："李四，我有一头牛，现在1000元卖给你，要不要？"李四答："牛我要，但1000元太贵了，500元怎么样？可以的话，我马上付钱。"在这个例子中，张三的问话是要约，李四的回答不是承诺，而是一种新的要约，因为他对张三的要约内容作了实质性的改变，即他把牛的价格从1000元砍到了500元。如果受要约人的承诺对要约的内容作出的是非实质性的变更，该承诺有效，除非要约人及时表示反对或者要约人在要约中明确表明承诺不得对该要约的内容作出任何的变更。此时成立的合同内容，以受要约人承诺的内容为准，即以受要约人的非实质性的变更承诺为准。

承诺通知到达要约人时生效。如果承诺不需要通知的，根据交易习惯或者要约的要求作出承诺的行为时生效。受要约人超过承诺期限发出承诺的，属于一项新要约。除非要约人及时通知受要约人，告知该承诺有效。受要约人在承诺期限内发出承诺，按照通常情形能够及时到达要约人，但因其他原因承诺到达要约人时超过承诺期限的，该承诺仍然有效。除非要约人及时通知受要约人，告知因承诺超过期限而不接受该项承诺。

2. 合同的形式与条款

合同的形式是当事人签订合同的表现形式，通常有口头形式、书面形式和其他形式。口头形式是指当事人通过口头交谈方式相互表示意思而订立合同。一般适用于标的额较小、可以即时结清的合同关系。超市、集市上的买卖大都采用口头形式的合同。书面形式是指采用合同书、信件和传真、电子邮件等可以有形地表现所载内容的形式。法律、行政法规规定、当事人约定采用书面形式的，都应当采用书面形式。

合同条款是指合同当事人协商一致的合同内容，具体规定着当事人的权利义务。合同的内容可以由当事人约定，一般应当包括以下条款：①当事人的名称或者姓名和住所；②标的；③数量；④质量；⑤价款或者报酬；⑥履行期限、地点和方式；⑦违约责任；⑧解决争议的方法。当事人可以参照各类合同的示范文本订立合同。

3. 合同的成立

判断一个合同是否成立，要看签订这个合同的当事人是否通过他的真实意思表示设立、变更或终止了某些民事权利义务关系。

（1）合同的成立要件。合同的成立要具备一些基本的要件，分为一般成立要件和特别成立要件。合同的一般成立要件是任何合同成立都必须具备的条件，包括：①具有双方或多方的当事人；②当事人各方的意思表示一致；③当事人各方一致的意思表示所设立、变更或终止的民事权利义务关系可能履行。合同的特别成立要件，是依照法律规定或依交易习惯确定或依当事人特别约定的合同成立要件。

（2）合同成立的时间和地点。合同成立的时间是当事人通过要约、承诺的意思表示方式确立相互之间的债权债务关系的时间。一般情况下，当事人各方对合同条款达成一致的协议，合同就宣告成立。

合同成立的地点是指完成合同订立程序的地点，承诺生效的地点为合同成立的地点。当事人采用合同书形式订立合同的，双方当事人签字或者盖章的地点为合同成立的地点。当事人采用合同书形式订立合同，在签字或者盖章之前，当事人一方已经履行主要义务，对方接受的，该合同成立。例如，房屋买卖合同中的买方向卖方交付了购房款，卖方也予以收取并出具相应的收款凭证，就可以认为合同是成立的。

（二）合同的效力

合同的效力，即合同的法律效力，是指已成立的合同将对合同的当事人乃至第三人产生的法律约束力。这种法律约束力是当事人追求的结果。合同的成立与合同的生效是不同的概念。合同法规定，依法成立的合同，自成立时生效。但并不是任何成立的合同都是有效合同，例如法律、行政法规规定应当办理批准、登记等手续生效的，应当要等批准、登记等手续办理完后才生效。已经成立的合同在法律效力上可能是生效、可撤销或是效力未定。

1. 合同的生效要件

合同的生效要具备一些基本的要件，分为一般生效要件和特别生效要件。

（1）合同的一般生效要件是所有合同生效必须具备的基本条件。包括：①当事人在签订合同时具有相应的缔约能力即订立合同的能力；②意思表示真实；③不违反强制性法律规范及公序良俗；④标的确定和可能。

（2）合同的特别生效要件是合同生效除了满足一般生效要件外，还要满足的法律有特别规定或当事人有特别约定的条件。在多数情况下，合同只要具备一般生效要件就会产生当事人所追求的法律后果。但是，当事人可以对合同的生效附加一定的条件或期限。只要该条件或期限符合法律要求，合同的效力就取决于当事人所附加的条件是否成就、期限是否届满。

当事人对合同的效力可以约定附条件。附生效条件的合同，自条件成就时生效。附解除条件的合同，自条件成就时失效。前者称为附生效条件的合同，后者称为附解除条件的合同。例如，一位父亲对儿子承诺，只要儿子当年考上重点大学，就送他一台笔记本电脑。此时，父亲的承诺就是一个附生效条件的合同。当事人所附加的条件必须是将来可能发生的事实，根本不可能发生的事实不能作为附加条件。同时，当事人为自己的利益不正当地阻止条件成就的，视为条件已成就；不正当地促成条件成就的，视为条件不成就。

当事人对合同的效力可以约定附期限。附生效期限的合同，自期限届至时生效。附终止期限的合同，自期限届满时失效。前者称为附生效期限的合同，后者称为附解除期限的合同。如果一位父亲对儿子承诺，在儿子年满18周岁时，将送他一台笔记本电脑。该父亲的承诺则是一个附生效期限的合同。

2. 合同欠缺生效要件的后果

合同是当事人真实的意思表示，表达了当事人的目的，但该目的只有在不违反法律的要求时才具有法律效力才会受到法律的保护。当合同欠缺生效要件从而存在违反法律要求的因素时，法律就会对合同作出不同的评价，让合同无效，或出于效力待定的状态。合同欠缺不同生效要件的后果分为三种：合同的无效、合同的可撤销、合同的效力待定。

（1）合同的无效是指合同因欠缺一定生效要件导致合同当然不发生效力。导致合同绝对无效的原因有：①一方以欺诈、胁迫的手段订立合同，损害国家利益；②恶意串通，损害国家、集体或者第三人利益；③以合法形式掩盖非法目的；④损害社会公共利益；⑤违反法律、行政法规的强制性规定。

（2）合同的可撤销，又叫可撤销合同，是指合同欠缺一定的生效要件，其有效与否，取决于有撤销权的一方是否行使撤销权。可撤销合同属于相对无效合同。撤销的事由包括欺诈、胁迫、乘人之危、重大误解、显失公平。出现可撤销的情形，当事人一方有权请求法院或者仲裁机构变更或撤销。如果当事人请求变更的，法院或仲裁机构不得撤销。具有撤销权的当事人自知道或应当知道撤销事由之日起一年内没有行使撤销权,或具有撤销权的当事人知道撤销事由后明确表示或以自己的行为放弃撤销权的,撤销权自然消灭。

(3)合同的效力待定。即已经成立的合同因欠缺一定的生效要件,其生效与否需要等待一定条件的出现。包括:①无行为能力人、限制行为能力人订立的合同;②无权代理人订立的合同;③无处分权人订立的合同。

3. 合同被确认无效和被撤销的后果

合同无效或者被撤销后,因该合同取得的财产,应当予以返还;不能返还或者没有必要返还的,应当折价补偿。有过错的一方应当赔偿对方因此所受到的损失,如果双方都有过错的,应当各自承担相应的责任。属于当事人恶意串通,损害国家、集体或者第三人利益情形的,因此取得的财产收归国家所有或者返还集体、第三人。

三、合同的履行和变更

(一)合同的履行

合同的履行,就是债务人按照合同的约定或法律的规定,全面地、正确地履行自己所承担的义务。合同订立后只有履行了,才能实现合同的内容、达到合同订立的目的。

1. 合同履行的规则

合同履行的规则,指的是在合同履行过程中需要遵守的具体准则。合同的当事人应当依法、亲自履行合同,应当按照约定全面履行自己的义务,在履行合同时应当遵循诚实信用原则,根据合同的性质、目的和交易习惯履行通知、协助、保密等义务。在合同履行过程中,应严格依据《合同法》第61条的规定。

2. 合同履行的抗辩

合同签订后,当事人还有一些"不履行"的权利,所谓的"不履行"是有条件的不履行,其实是一种法律赋予他的对抗、抗辩的权利,具体包括如下内容。

(1)同时履行抗辩权,是指当事人互负债务且没有先后履行顺序,一方当事人在他方未为对待给付前，拒绝履行自己的合同义务的权利。

（2）不安抗辩权，是指在双务合同中，应当先履行债务的当事人有确切证据证明对方有丧失或可能丧失履行能力的情形时，中止履行自己债务的权利。应当先履行债务的当事人，有确切证据证明对方有下列情形之一的，可以中止履行：①经营状况严重恶化；②转移财产、抽逃资金，以逃避债务；③丧失商业信誉；④有丧失或者可能丧失履行债务能力的其他情形。

（3）先履行抗辩权。当事人互负债务，有先后履行顺序，先履行一方未履行的，后履行一方有权拒绝其履行要求。先履行一方履行债务不符合约定的，后履行一方有权拒绝其相应的履行要求。

3. 合同履行的保全

合同履行的保全是指债权人为防止债务人的财产不当减少而危害其债权，对合同关系之外的第三人所采取的保护债权的一种法律措施，包括代位权和撤销权。

（1）债权人代位权。债权人代位权是指当债务人怠于行使其对第三人的到期债权而害及债权人的债权实现时，债权人为了保全自己的债权，得以自己的名义代位行使属于债务人权利的权利。

（2）债权人撤销权。债权人撤销权是指当债务人实施减少其财产的行为而害及债权人的债权实现时，债权人为保全自己的债权，得请求法院予以撤销的权利。撤销权自债权人知道或者应当知道撤销事由之日起一年内行使。自债务人的行为发生之日起五年内没有行使撤销权的，该撤销权消灭。

（二）合同的变更和转让

1. 合同的变更

是指合同主体不变，而变更合同的内容。当事人协商一致，可以变更合同。法律、行政法规规定变更合同应当办理批准、登记等手续的，依照其规定。合同变更生效后，变更后的合同内容即取代原合同中的相关内容，当事人应按照变更后的合同内容履行，而不能再按原来的合同内容履行。

2. 债权转让

是指不改变合同的内容，合同债权人将其权利转让给第三人享有。分为合同权利的部分转让和合同权利的全部转让。

3. 债务转移

又称合同义务的转让，是指在合同内容和标的不变的情形下，债务人将其合同义务转移给第三人承担。可分为合同义务的部分转让和合同义务的全部转让。

4. 债权债务的概括转移

又称合同权利义务的概括转让，是指合同当事人一方将其权利义务一并转让给第三人承受。合同权利义务的概括转让既可因当事人之间的合意发生，也可因法律的直接规定发生。合同权利义务的合意概括转让，即当事人一方经对方同意，可以将自己在合同中的权利和义务一并转让给第三人。权利和义务一并转让的，适用权利转让和义务转移的规定。

（三）合同权利义务的终止

又称为合同的消灭，是指合同当事人双方间的权利义务于客观上已不复存在。合同终止后产生如下的效力：①合同当事人间的权利义务消灭；②债权的担保及其他从属的权利及义务消灭；③负债字据的返还；④合同终止后当事人有附随义务；⑤合同终止不影响合同中结算和清理条款的效力。

合同终止的原因有不同，可以基于合同目的达到而终止，也可以基于当事人的意思而终止，亦可以基于法律的直接规定而终止。具体而言，有清偿、解除、抵销、提存、免除、混同等几种。

（1）清偿。即债务人按照合同的约定向债权人履行义务、实现债权目的的行为。

（2）解除。即在合同依法成立后而尚未全部履行前，当事人基于协商或法律规定或当事人约定而使合同关系归于消灭的一种法律行为。包括协议解除、约定解除、法定解除。其中，当事人依法行使解除合同的权利应当具备下列条件之一：①因不可抗力不能实现合同目的；②在履行期限届满前，当事人一方明确表示或者以自己的行为表明不履行主要债务；③当事人一方迟延履行主要债务，经催告后在合理期限内仍未履行；④当事人一方迟延履行债务或者有其他违约行为致使不能实现合同目的；⑤法律规定的其他情形。

（3）抵销。即当事人双方相互负有给付义务，将两项债务相互充抵，使其相互在对等额内消灭。

（4）提存。即债务人于债务已届履行期时，将无法给付的标的物提交给提存机关，以消灭合同债务的行为。出现债权人无正当理由拒绝受领标的物，债权人下落不明，或是债权人死亡未确定继承人或者丧失行为能力未确定法定代理人等情形，导致债务人难以履行债务的，债务人可以依法办理提存。标的物提存后，毁损、灭失的风险由债权人承担。

（5）免除。即债权人免除债务人的债务而使合同权利义务部分或全部终止的意思表示。债务免除是债权人的单方行为，是一种无因、无偿行为。债务全部免除的，合同债即全部消灭；债务部分免除的，合同于免除的范围内部分消灭。

（6）混同。即债权与债务同归于一人，而使合同关系消灭的事实。一是概括承受，即合同关系的一方当事人概括承受他人权利与义务；二是特定承受，即因债权让与或债务承担而承受权利与义务。债权和债务同归于一人的，合同的权利义务终止。

合同的权利义务终止后，当事人应当遵循诚实信用原则，根据交易习惯履行通知、协助、保密等义务，但不影响合同中有关结算和清理等条款的效力。

四、违约责任及其救济

（一）违约责任的概念、特征和归责原则

1. 违约责任的概念与特征

违约责任是指合同当事人因违反合同义务所应承担的民事责任。当合同的一方当事人不履行合同义务或履行合同义务不符合约定时，就应承担继续履行、采取补救措施或者赔偿损失等违约责任。

2. 违约责任的归责原则

违约责任的归责原则是确定违约方的违约责任的根据或准则。对于不同的违约纠纷应当适用严格责任原则、过错责任原则、特殊过错责任原则三种不同的原则来处理。我国实行以严格责任原则为主导，以过错责任原则为补充的归责原则体系。

（二）违约行为及其表现

违约行为是指合同当事人没有按照法律的规定和合同的约定履行合同义务的法律现象。违约行为可分为以下几种。

（1）预期违约，是指在合同履行期到来之前，合同一方当事人没有正当理由明示或默示将不履行合同，包括明示预期违约和默示预期违约。

（2）不履行合同，是指合同当事人根本就没有实施履行合同义务的行为，分为拒绝履行和不可能履行。

（3）不适当履行，是指合同债务人虽有履行合同义务的行为，但该履行行为不符合合同的约定。

（三）不构成违约的免责事由

违约责任的免责事由又称为免责条件，是指法律规定的或者当事人约定的免除违约当事人承担违约责任的情况。一是不可抗力；二是免责条款。当事人一方因不可抗力不能履行合同的，应当及时通知对方，以减轻可能给对方造成的损失，并应当在合理期限内提供证明。因不可抗力不能履行合同的，根据不可抗力的影响，部分或者全部免除责任，但法律另有规定的除外。当事人迟延履行后发生不可抗力的，不能免除责任。另外，当事人还可以在合同中约定免责条款，但不得违反法律行政法规的强制性规定。

（四）违约责任的承担方式

1. 继续履行

继续履行是指合同当事人一方不履行合同义务或履行合同义务不符合约定时，违约方应当承担按合同的约定履行合同的责任。当事人订立合同均基于一定目的，只有合同义务得到全面履行，当事人的订约目的才能最终实现。

2. 支付违约金

违约金是当事人在合同中约定的一方违反合同时应向对方支付的一定数额的款项。要求违约方支付违约金，必须在合同中有关于违约金的约定或者法律中有关于违约金的规定、同时，违约方的违约行为属于应支付违约金的情形。当事人既约定违约金，又约定定金的，一方违约时，对方可以选择适用违约金或定金条款。

3. 赔偿损失

赔偿损失是指违约方赔偿因其违约而给对方造成的损失。当合同中的受害人一方受到损害，并且受害人的损害与违约方的违约行为之间有因果关系时，违约方即应承担赔偿损失的责任。

4. 采取补救措施

补救措施是指矫正合同不适当履行的责任形式，具体包括修理、更换、重作、退货、减少价款或报酬等违约责任。主要适用于当事人交付的标的物质量不符合约定的情形。

5. 定金制裁

当事人可以依照担保法约定一方向对方给付定金作为债权的担保。债务人履行债务后，定金应当抵作价款或收回。给付定金的一方不履行约定债务的，无权要求返还定金；收受定金一方不履行约定债务的，应当双倍返还定金。

五、主要的有名合同

（一）买卖合同

买卖合同是出卖人转移标的物的所有权于买受人，买受人支付价款的合同。买卖合同中的双方当事人，交付财产取得价款的一方称为出卖人，接受财产支付价款的一方称为买受人。买卖合同是市场经济领域最重要最常见的法律行为，对经济发展、企业经营、人民生活有着十分重要的作用。

（二）借款合同

借款合同是借款人向贷款人借款，到期返还借款并支付利息的合同。向对方借款的一方称为借款人，出借钱款的一方称为贷款人。借款合同可以是有偿的，也可以是无偿的。借款是人们日常生活中常发生的商业行为，对于资金融通、满足生产经营和生活需要有着重要作用。

（三）租赁合同

租赁合同是出租人将租赁物交付承租人使用、收益，承租人支付租金的合同。租赁合同的内容包括租赁物的名称、数量、用途、租赁期限、租金及其支付期限和方式、租赁物维修等条款。租赁期限超过6个月的，应当采用书面形式。当事人未采用书面形式订立合同的，或对租赁期限没有约定或者约定不明确的，视为不定期租赁。对于不定期租赁合同，当事人可以随时解除合同，但出租人解除合同应当在合理期限之前通知承租人。租赁期限最长不得超过20年，如果超过20年的，超过部分无效。

（四）运输合同

运输合同是承运人将旅客或者货物从起运地点运输到约定地点，旅客、托运人或者收货人支付票款或者运输费用的合同。运输合同主要包括客运合同、货运合同以及多式联运合同。运输合同常见的是客运合同，又称旅客运送合同，是指承运人将旅客及行李运抵目的地，旅客为此支付票款的合同。货运合同、多式联运合同也是运输合同的重要形式。

（五）委托合同、行纪合同、居间合同

委托合同是委托人和受托人约定，由受托人处理委托人事务的合同。行纪合同是行纪人以自己的名义为委托人从事贸易活动，委托人支付报酬的合同。行纪人占有委托物的，负有对委托物的保管义务，应当妥善保管委托物。居间合同是居间人向委托人报告订立合同的机会或提供订立合同的媒介服务，委托人支付报酬的合同。

第四节 婚姻法

一、婚姻法概论

（一）婚姻家庭制度概述

婚姻家庭制度是一定社会中占统治地位的婚姻家庭形态在上层建筑领域的集中反映，是将婚姻家庭关系用法律形态或根据社会习惯加以固定化，使之成为人们共同遵守的行为准则。

（二）婚姻法概述

1. 婚姻法的概念与特征

婚姻法是指规定和调整婚姻家庭关系的法律规范的总和。婚姻法是婚姻家庭关系的基本准则，它的渊源包括：宪法和法律、国务院和所属部门制定的规范性文件、地方法规和地方政府规章等。婚姻法具有调整对象广泛、调整对象身份多重、鲜明的伦理性、强制性等特征。

2. 婚姻法的调整对象

婚姻法的调整对象就是婚姻家庭关系。婚姻与家庭是两个不同的概念。婚姻是指为当时的社会制度所确认的一男一女互为配偶的结合。这种结合形成了一种特定的社会关系，即婚姻关系。婚姻具有如下特点：①必须是男女两性的结合；②是男女双方以终身共同生活为目的的结合；③须为一男一女的结合；④必须为当时的社会制度所认可。家庭则是由一定范围内的亲属所构成的社会生活单位。家庭是一个社会生活单位，并且是由一定范围的亲属所构成的生活单位。

3. 新中国的婚姻法

新中国第一部婚姻法即 1950 年婚姻法共 8 章 27 条，基本精神包括：废除包办强迫、男尊女卑的封建主义婚姻制度，实行男女婚姻自由、一夫一妻、男女权利平等的新民主主义婚姻制度。1980 年婚姻法共5章37条。2001年修订婚姻法后共6章51条。主要修改和增加了重婚、家庭暴力、夫妻财产、离婚条件、离婚损害赔偿等问题。

(三) 婚姻法的基本原则

其一是婚姻自由原则，包括结婚自由和离婚自由。同时禁止任何他人干涉婚姻自由，包括禁止借婚姻索取财物，禁止包办、买卖婚姻和其他干涉婚姻自由的行为。其二是一夫一妻原则，禁止重婚，包括法律上的重婚和事实上的重婚，也反对通奸和姘居行为。其三是男女平等原则，是指男女双方在婚姻、家庭方面均平等。其四是保护妇女、儿童和老人合法权益的原则，其五是实行计划生育原则。但提请十三届全国人民代表大会常务委员会第五次会议审议的民法典草案婚姻家庭编不再保留计划生育的有关内容。

二、结婚

(一) 结婚的概念与性质

结婚是男女双方依照法律规定的条件和程序，确定夫妻关系的民事法律行为。结婚是男女双方以永久共同生活为目的，以夫妻的权利和义务为内容的结合。结婚的双方主体必须是异性，必须遵循法律规定的条件和程序，其法律后果是确立夫妻关系，享有法定权利和义务。

(二) 结婚条件

结婚条件是指国家从当事人和子女后代及社会整体利益的需要出发，对公民结婚所做的必要限制。结婚的条件包括必备条件和禁止条件。

1. 结婚的必备条件

结婚的必备条件包括双方自愿和达到法定婚龄。一是结婚必须男女双方完全自愿，既非一方自愿即可，也非父母自愿，亦不可是半推半就。二是须达法定婚龄，男不得早于22周岁，女不得早于20周岁。

2. 结婚的禁止条件

我国婚姻法禁止一定范围内的血亲结婚：①直系血亲无论自然血

亲或拟制血亲均不得结婚；②旁系血亲三代以内不得结婚，拟制血亲一般不禁止；③姻亲则法律未规定，但伦理上对公媳、岳母与女婿不得结婚。禁止有精神障碍、重大不治之症且有传染性疾病或遗传病等的人结婚，也禁止重婚。

（三）结婚程序

结婚程序是指法律规定的缔结婚姻所必经的方式。《婚姻登记条例》规定，居民结婚，男女双方应当共同到婚姻登记机关办理结婚登记。农村的婚姻登记机关是乡镇人民政府，城市则是街道办事处或基层政府的民政部门。办理结婚登记的居民应出具的证件和证明材料包括：本人的户口簿、身份证及本人无配偶以及与对方当事人没有直系血亲和三代以内旁系血亲关系的签字声明。

婚姻登记机关应当对结婚登记当事人出具的证件、证明材料进行审查并询问相关情况。对当事人符合结婚条件的，应当场予以登记，发给结婚证；对当事人不符合结婚条件不予登记的，应当向当事人说明理由。当事人有下列情形之一的，婚姻登记机关不予登记：①未到法定结婚年龄的；②非双方自愿的；③一方或者双方已有配偶的；④属于直系血亲或者三代以内旁系血亲的；⑤患有医学上认为不应当结婚的疾病的。

（四）无效婚姻与可撤销婚姻

1. 无效婚姻

无效婚姻是指男女双方已经进行结婚登记，但不具备法定结婚的实质要件，而不产生法律效力的婚姻。无效婚姻的情形有：①重婚婚姻。②有禁止结婚的亲属关系的，即双方为直系或三代以内旁系血亲。③婚前患有医学上不应当结婚的疾病，婚后尚未治愈的。如果结婚后治愈的，则婚姻关系有效。④未达到法定婚龄的。

2. 可撤销婚姻

可撤销婚姻是指因胁迫结婚的，受胁迫的一方可以向婚姻登记机关或法院请求撤销该婚姻，受胁迫的一方申请撤销该婚姻的请求，应当自结婚登记之日起 1 年内提出，如果当事人被非法限制人身自由的，应在自恢复人身自由之日起1年内提出撤销请求。

无效婚姻一般为违反婚姻成立要件的违法婚姻，可撤销婚姻是婚姻成立时有违背某些婚姻要件，依法应撤销的婚姻。区别在于：无效婚姻自始无效，有法律溯及力；可撤销婚姻为可能无效，撤销后无效，无溯及力。无效婚姻的违法性大于可撤销婚姻。

3. 婚姻被宣告无效或撤销后的后果

无效或被撤销的婚姻，自始无效。当事人不具有夫妻的权利和义务。同居期间所得的财产，由当事人协议处理；协议不成时，由法院根据照顾无过错方的原则判决。对重婚导致的婚姻无效的财产处理，不得侵害合法婚姻当事人的财产权益。

三、家庭关系

家庭关系是指以婚姻、血缘、法律拟制为基础的，夫妻、父母子女和其他家庭成员之间的权利义务关系。包括夫妻关系、父母子女关系以及其他家庭成员之间的关系。

（一）夫妻关系

夫妻关系包括夫妻人身关系与夫妻财产关系。夫妻人身关系是与夫妻的人格和身份有关的，本身并无直接财产内容的一种权利义务关系。夫妻人身关系是夫妻财产关系的基础。我国婚姻法规定，夫妻双方都有各自用自己姓名的权利；子女可以随父姓，也可以随母姓；夫妻双方都有参加生产、工作、学习和社会活动的自由，一方不得对他方加以限制或干涉；夫妻双方都有实行计划生育的义务。

夫妻财产关系是指夫妻在财产方面享有的权利义务，包括夫妻财产制、夫妻之间的扶养关系和继承关系。夫妻有相互继承遗产的权利，也有互相扶养的义务。一方不履行扶养义务时，需要扶养的一方，有要求对方付给扶养费的权利。这里专门介绍一下我国的夫妻财产制。

夫妻财产制又称婚姻财产制，是有关夫妻婚前财产和婚后所得财产的归属、使用、管理、收益、处分以及债务清偿、离婚时财产清算等方面的法律制度。

1. 夫妻共同财产的范围

夫妻在婚姻关系存续期间所得的下列财产属夫妻共同财产，夫妻有平等的处理权：①工资、奖金；②生产、经营的收益；③知识产权的收益；④继承或赠予所得的财产；⑤其他应当归共同所有的财产。

2. 夫妻一方财产的范围

包括：①一方的婚前财产；②一方因身体伤害获得的医疗费、残疾人生活补助费等；③遗嘱或赠与合同中确定只归夫或妻一方的财产；④一方专用的生活用品；⑤其他应当归一方的所有财产。

3. 夫妻约定财产制

《婚姻法》第19条规定，夫妻可以约定婚姻关系存续期间所得的财产以及婚前财产归各自所有、共同所有或部分各自所有、部分共同所有。但应当采取书面形式。另外，夫妻对婚姻关系存续期间所得的财产约定归各自所有的，夫或妻一方对外所负的债务，第三人知道该约定的，以夫或妻一方所有的财产清偿。

（二）父母子女关系及其他家庭成员关系

父母子女关系即亲子关系，是指父母和子女之间的权利义务关系。父母有保护和抚养教育未成年子女的权利和义务。父母不履行抚养义务时，未成年的或不能独立生活的子女，有要求父母付给抚养费的权利。子女对父母有赡养扶助的义务。子女不履行赡养义务时，无劳动能力或生活困难的父母，有要求子女付给赡养费的权利。在未成年子女对国家、集体或他人造成损害时，父母有承担民事责任的义务。同时，父母和子女还有相互继承遗产的权利。非婚生子女享有与婚生子女同等的权利，不直接抚养非婚生子女的生父或生母，应当负担子女的生活费和教育费，直至子女能独立生活为止。

祖孙关系。有负担能力的祖父母外祖父母，对于父母已经死亡或父母无力抚养的未成年的孙子女外孙子女，有抚养的义务。有负担能力的孙子女外孙子女，对于子女已经死亡或子女无力赡养的祖父母外祖父母，有赡养的义务。

兄弟姐妹关系。有负担能力的兄姐，对于父母已经死亡或父母无力抚养的未成年弟妹，有扶养的义务。由兄姐扶养长大的有负担能力的弟妹，对于缺乏劳动能力又缺乏生活来源的兄姐，有扶养的义务。

四、离婚

（一）婚姻终止的概念和原因

婚姻终止是指合法有效的夫妻关系因发生一定的法律事实而归于消灭。配偶死亡（包括自然死亡和被宣告死亡）或离婚均可导致婚姻的终止。离婚是配偶双方依照法定的条件和程序解除婚姻关系的民事法律行为。离婚具有如下法律特征：①必须遵守法定条件和程序；②双方当事人必须存在婚姻关系；③离婚的主体必须是夫妻双方，体现双方的意愿。离婚是一种解除婚姻的行为，应对离婚与婚姻终止、婚姻的无效和撤销、别居等加以区别。

（二）登记离婚

登记离婚，是指允许婚姻当事人通过行政程序解除婚姻关系的法律制度，主要适用于协议离婚。居民自愿离婚的，男女双方应当携带有效身份证件、结婚证及双方当事人共同签署的离婚协议书，共同到一方当事人常住户口所在地的婚姻登记机关，办理离婚登记。离婚协议书应当载明双方当事人自愿离婚的意思表示以及对子女抚养、财产及债务处理等事项协商一致的意见。

婚姻登记机关应当对离婚登记当事人出具的证件、证明材料进行审查并询问相关情况。对当事人确属自愿离婚，并已对子女抚养、财产、债务等问题达成一致处理意见的，应当当场予以登记，发给离婚证。当事人双方自取得离婚证之日解除婚姻关系。

（三）诉讼离婚

诉讼离婚是指夫妻一方基于法定理由，向法院提起离婚诉讼，由法院调解或判决而解除婚姻关系的法律制度。诉讼离婚必须经由法院严格审查理由，是否离婚的结果也取决于司法机关依据事实与证据的裁量。民事诉讼法和婚姻法规定，法院审理离婚案件，应当进行调解这一必经程序。如感情确已破裂，调解无效，应准予离婚。

1. 诉讼离婚的法定条件

婚姻法将夫妻感情确已破裂作为离婚的条件。如何认定夫妻感情确已破裂呢？婚姻法规定有下列情形之一，调解无效的，应准予离婚：①重婚或有配偶者与他人同居的；②实施家庭暴力或虐待、遗弃家庭成员的；③有赌博、吸毒等恶习屡教不改的；④因感情不和分居满2年的；⑤其他导致夫妻感情破裂的情形。夫妻一方被宣告失踪，另一方提出离婚诉讼的，也应准予离婚。

2. 关于离婚的两项特殊规定

一是现役军人配偶要求离婚的，须军人同意，但军人有重大过错的除外；二是在一定时期内限制男方离婚请求权，女方在怀孕期间、分娩后1年内或中止妊娠后6个月内，男方不得提出离婚。

（四）离婚的效力

1. 离婚时夫妻人身效力

离婚后，原配偶双方自由恢复，均可以再婚，相互之间的扶养义务终止、法定继承人资格丧失，同时同居与忠实义务也宣告消灭，姻亲关系也宣告消灭。

2. 离婚时夫妻财产效力

离婚时，夫妻共同财产应本着以下原则进行分割：男女平等、照顾女方和子女的利益、照顾无过错方、尊重当事人的意愿、有利生产方便生活、不得损害国家集体和他人利益等。具体分割范围的确定，应根据婚姻法、最高人民法院关于适用婚姻法的司法解释等规定进行。分割夫妻共同财产时，应区分夫妻共同财产、家庭财产、夫妻个人财产。

3. 离婚后子女的抚养教育

父母与子女间的关系，不因离婚而消除。离婚后，子女不论由父方或母方抚养，仍是父母双方的子女。自然血亲的父母子女关系是不能解除的，拟制血亲的父母子女关系则是可以解除的。哺乳期内的子女原则上由母亲抚养。两岁以上至十岁以下的未成年子女随何方抚养，应由双方协议解决，协议不成的由法院判决；对于10周岁以上的未成年子女，应考虑子女的意见。一方抚养子女，另一方应负担必要的生活费和教育费的一部或全部，负担费用的多少和期限的长短，由双方协议，协议不成时由法院判决。除离婚协议约定或法院判决外，子女在必要时可以向父母任何一方提出超过协议或判决原数额的合理要求。

新婚姻法专门增加了离婚后的子女探视权内容。离婚后不直接抚养子女的父或母有探望子女的权利，另一方有协助的义务。父母行使探望权利的方式、时间由当事人协议；协议不成时由法院判决。父母探望子女，不利于子女身心健康的，由法院依法中止探望的权利；中止的事由消失后，应恢复其探望的权利。

五、婚姻救助措施与法律责任

（一）救助措施与法律责任概述

救助措施是指权利主体实现自身权益过程中遇到障碍或受到非法侵害时，法律允许权利人或有关机关依法采取的旨在保护或恢复权利实现的各种手段和方法。法律责任是违反婚姻法应承担的法律后果。新婚姻法增加了家庭暴力与虐待的救助措施的规定。实施家庭暴力或虐待家庭成员，受害人有权提出请求，居委会、村委会以及所在单位应当予以劝阻、调解。对正在实施的家庭暴力，受害人有权提出请求，居委会、村委会应当予以劝阻，公安机关应当予以制止。实施家庭暴力或虐待家庭成员，受害人提出请求的，公安机关应当予以治安管理处罚。新婚姻法也规定，对遗弃家庭成员的，受害人有权提出请求，居委会、村委会以及所在单位应当予以劝阻、调解。对遗弃家庭成员，受害人提出请求的，法院应当依法作出支付扶养费、抚养费、赡养费的判决。

（二）具体救助措施与法律责任

1. 实施家庭暴力、虐待、遗弃犯罪的法律责任

家庭暴力是指行为人以殴打、捆绑、残害、强行限制人身自由或者其他手段，给其家庭成员的身体、精神等方面造成一定伤害后果的

行为。持续性、经常性的家庭暴力，构成虐待。对重婚、实施家庭暴力或虐待、遗弃家庭成员构成犯罪的，依法追究刑事责任。受害人可以依法向法院提起刑事自诉；公安机关应当依法侦查，检察院应当依法提起公诉。

2. 离婚损害赔偿

在婚姻关系存续期间，配偶一方有下列情形之一而导致夫妻离婚的，无过错方配偶有权请求损害赔偿：重婚的；有配偶者与他人同居的；实施家庭暴力的；虐待、遗弃家庭成员的。有配偶者与他人同居是指有配偶者与婚外异性，不以夫妻名义，持续、稳定地共同居住。

3. 隐藏、转移共同财产的责任

离婚分割夫妻共同财产时，如果一方有隐藏、转移、变卖、毁损夫妻共同财产，或伪造债务企图侵占对方财产的不法行为，对不法行为的一方，可以少分或不分。离婚后，另一方发现有上述行为的，可以向法院提起诉讼，请求再次分割夫妻共同财产，并对前述妨害民事诉讼的行为依法予以制裁。

【推荐读物】

1. 民法的精神．姚辉．法律出版社1999年版。
2. 民法好读．黄福宁．法律出版社2008年版。
3. 郑成思文选．郑成思．法律出版社2003年版。
4. 民法总则．王泽鉴．北京大学出版社2009年版。
5. 外国民商法精要．谢怀栻．法律出版社2002年版。
6. 江平讲演文选．江平．中国法制出版社2003年版。
7. 谢怀栻法学文选．谢怀栻．中国法制出版社2002年版。
8. 为中国民法典而斗争．梁慧星．法律出版社2002年版。
9. 物权二元结构论．孟勤国．人民法院出版社2004年第2版。
10. 法律思维与民法实例．王泽鉴．中国政法大学出版社2001年版。

第四章 行政法

┃本章重要概念和术语┃

行政法 行政主体 行政机关 行政相对人 行政行为 抽象行政行为 具体行政行为 听证程序 行政许可 行政处罚 行政复议

第一节 行政法概述

一、行政法的概念

行政法上的行政是指国家与公共事务的行政,即公共行政,是国家行政机关和其他公共行政组织对国家与公共事务的组织、管理、决策与调控。行政法是调整国家行政关系,配置并控制行政权力,确认和保障公民、法人和其他组织等行政相对人合法权益的各种法律规范的总和。它是我国法律体系中一个重要的部门法。行政法的内容十分广泛,按照调整对象的不同,可以分为行政组织法、行政行为法和行政监督法三类。

行政法律关系是行政法在调整行政关系的过程中所形成的当事人之间法律上的权利和义务关系。与其他法律关系一样,行政法律关系也由主体、客体和内容三要素构成。主体是指参加行政法律关系的各方当事人,包括行政主体、公务员、行政相对人以及行政监督主体;内容指行政法律关系主体相互之间的权利和义务;客体是指行政法律关系主体的权利义务所共同指向的对象。

改革开放后，经过 40 年的法治建设，我国已经形成较为系统完善的行政法体系。行政诉讼法、国家赔偿法、行政处罚法、行政复议法、行政许可法、行政强制法、公务员法、政府信息公开条例等法律法规先后颁布施行，成为社会主义法律体系的重要组成部分。

二、行政法的基本原则

行政法的基本原则，是指贯穿于行政法律关系之中，指导和规范行政立法、行政执法以及行政救济的具有普遍价值的原则。我国行政法的基本原则主要包括行政合法性原则和行政合理性原则。

（一）行政合法性原则

行政合法性原则是指行政权的存在、行使必须依据法律，符合法律，不得与法律相抵触。行政合法性原则有以下具体内容。

一是行政机关的行政职权由法律设定并依法授予。一切行政行为以行政职权为基础，无职权便无行政。二是行政机关实施行政行为必须依照和遵守法律、法规等法律规范。行政机关不得享有法律以外的特权。三是行政机关的行政行为违法无效。行政机关的行政行为必须合法，无论是实体上还是程序上的违法，都使行政行为归于无效。四是行政机关必须对违法的行政行为承担相应的法律责任。五是行政机关的一切行政行为必须受到监督和救济。无救济便无权利，无监督便无行政。各级人民代表大会及其常务委员会对同级人民政府行使职权的监督制度、行政复议与行政诉讼制度，都是监督与救济的体现。

（二）行政合理性原则

行政合理性原则是指行政主体不仅应当按照行政法律规范所规定的条件、种类和幅度范围作出行政行为，而且要求行政行为的内容要符合立法精神和目的，符合公平正义等法律理性。

行政合法性原则适用于行政法的所有领域，主要解决行政行为合法与非法的问题；行政合理性原则主要适用于自由裁量领域，主要解决行政行为是否适当的问题。行政合理性原则具体包括以下内容。

一是行政行为的动因应符合立法目的。特别是在行政主体被赋予自由裁量权时，立法目的尤其要考虑。凡是有悖于立法目的的行政行为都是不合理的行为。二是行政行为应建立在正当考虑的基础上，不得考虑不相关因素，适用法律规范平等，不得对相同事实给予不同对待。行政主体在作出某一行政行为时，在其最初的出发点和动机上，不得违背社会公平观念或法律精神，不能主观臆断、脱离实际或存在法律动机以外的目的追求。三是行政行为的内容应当符合自然规律和社会道德。

三、行政主体

行政主体与行政法主体即行政法律关系主体是不一样的概念。行政法律关系主体中除了行政主体外，还包括行政相对人。行政主体只是行政法律关系主体中特殊的一方。

行政主体是指享有国家行政权力、能够以自己的名义实施国家行政管理职能并承受相应法律后果的国家行政机关和法律、法规授权的组织。具有行政主体资格的国家行政机关包括以下行政机关。

（一）中央行政机关

在我国，中央行政机关包括国务院、各部委和直属机构、各部委管理的国家局、国务院的办公和办事机构。国务院即中央人民政府，是最高国家权力机关的执行机关，是最高国家行政机关。作为国务院的组成部门，各部委是负责国家行政管理某一方面事务或某些职能的机构，本届政府包括外交、国防、教育、司法等21个部和发展改革、民族事务、卫生健康3个委员会及中国人民银行与审计署。国务院直属特设机构是国务院国有资产监督管理委员会。国务院直属机构包括海关总署、国家市场监督管理总局、国家税务总局等十个部门。国务院部委管理的国家局包括国家能源局、国家铁路局、国家邮政局、国家知识产权局等，分别由国家发改委、交通运输部、国家市场监督管理总局等管理。

（二）地方国家行政机关

省级人民政府包括省、自治区和直辖市人民政府，省级人民政府的职能部门通常称为厅、局，设区市人民政府的职能部门通常称为局，县级人民政府包括县、自治县和不设区市、市辖区人民政府，县级人民政府的职能部门通常称为局，乡级人民政府包括乡、镇和民族乡人民政府。乡级人民政府是我国的基层行政机关。

上述一般行政机关都有资格以自己的名义行使行政权力，也都以自己的名义承担相应的法律责任。

行政机关的内部机构一般不能成为行政主体，既不能以自己的名义行使行政权力，也不能以自己的名义承担相应的法律责任，除非得到法律、法规的特别授权。

（三）地方人民政府的派出机关

地方人民政府的派出机关有三类：经国务院批准由省级人民政府派出的地区行政公署；经省级人民政府批准由县政府设立的区公所；由不设区的市、市辖区政府经上一级人民政府批准派出的街道办事处。派出机关虽然不是一级政府组织，但具有行政主体资格。

此外，法律、法规或规章直接规定将某项或某一方面的行政职权的一部分或全部授予的组织，具有行政主体资格。而行政主体将其职权依法委托行使的组织，则不具有行政主体资格。

行政主体依法行使行政职权并履行行政职责。行政职权是行政主体实施国家行政管理活动的资格及其权能，包括行政立法权、行政决定权、行政处罚权、行政强制执行权等。行政职责是行政主体行使国家赋予的行政职权，实施国家行政管理活动的过程中，所必须承担的法定义务，包括：依法履行职务，遵守权限规定；符合法定目的，不滥用职权；遵守法定程序。行政主体的职权和职责具体由公务员依法行使和履行。公务员是指依法履行公职、纳入国家行政编制、由国家财政负担工资福利的工作人员。

四、行政行为

（一）行政行为的概念

行政行为又称行政法律行为，是指行政主体行使行政职权，在行政管理过程中能够产生法律效果的行为。行政行为具有法律性、裁量性、单方意志性、效力先定性、强制性等特征。行政机关及其工作人员依照法定职权，代表国家实施行政管理，所作出的行政立法、行政许可、行政处罚、行政措施、行政执行、行政仲裁、行政复议等公务行为，都是行政行为。

（二）行政行为的内容

行政行为作为行政主体行使行政职权的一种活动形式，包括以下主要内容。

1. 赋予或剥夺权利、权能

赋予权利、权能是指行政主体依法在相对人具备法定条件的情况下，通过行政行为使其获得以前所没有的某种权利、权能。如颁发驾照、授予法律职业资格等。剥夺权利、权能则是行政主体剥夺相对人某种既得的权利或权能，如撤销商标专用权、吊销证照等。

2. 设定或免除义务

设定义务是行政主体通过行政行为命令相对人为一定的行为或不为一定的行为；免除义务是行政主体解除相对人原来所负有的作为或不作为义务。

3. 确认法律事实或法律地位

是行政主体通过行政行为对与某种法律关系有关联的事实作出认定或对某种法律关系是否存在加以认定。

（三）抽象行政行为

抽象行政行为是指行政主体非针对特定人、事与物所作出的具有普遍约束力的行政行为。它包括有关政府组织和机构制定的行政法规、行政规章、行政措施、作出具有普遍约束力的决定和命令。

抽象行政行为的法律特征是：第一，抽象行政行为具有普遍约束力。它是针对一类事或一类人，而不是针对特定人或特定事作出的，因而具有普遍约束力。抽象行政行为是约束相对一群公民和组织的行为。第二，抽象行政行为具有间接的法律效果，它不能对行政相对人发生直接的权利义务的变化，而是使有关行政相对人拥有产生权利义务变化的依据。第三，抽象行政行为具有往后效力。它针对往后的事件作出，并只适用行政规则制定以后的行为和事件。它不仅对所有的公民和组织有效，而且在公布以后的所有时间内有效，直到被废止。这种往后效力，还表现在对同类行为在制定行政规则以后的时空里可以反复适用。

（四）具体行政行为

具体行政行为是指行政主体在国家行政管理活动中行使职权，针对特定的行政相对人，就特定的事项作出有关该行政相对人权利义务的单方行为。

具体行政行为的法律特征是：第一，它是行政主体的法律行为，是以它所拥有的行政职权为前提的。如违反交通规则被处罚，是由国家的交通管理机关作出处罚决定。第二，它只对特定对象有效，不具有普遍约束力。如垃圾不分类被处罚，处罚的对象是特定的人——垃圾不分类者。第三，它能直接产生有关权利义务的法律效果，使行政相对人的权利义务发生变化、增加或者减少。但这种法律效果只对业已发生的特定的人和事件有拘束力，对以后发生的同类事件没有效力，只是一次性处理。第四，它是一种单方行为，由行政主体单方作出，其行政行为的成立不以行政相对人的同意为前提。

具体行政行为具有公定力、确定力、拘束力、执行力。具体行政行为的一般合法要件包括：有确凿的事实证据、正确地适用法律法规、遵守法定行政程序、不得滥用职权。

第二节 行政许可

一、行政许可概述

（一）行政许可的概念

行政许可是指行政机关根据公民、法人或者其他组织的申请，经依法审查，准予其从事特定活动的行为。行政许可是政府公权力对社会生活实施管理的一种手段，是对公民私权利的一种限制。行政许可是依申请的行政行为，是一种经依法审查的行为，也是一种授益性行政行为。

（二）行政许可的原则

行政许可法规定了行政许可的合法原则、公开公平公正原则、便民原则、救济原则、信赖保护原则、禁止转让原则、监督原则。

设定和实施行政许可，应当依照法定的权限、范围、条件和程序，应当遵循公开、公平、公正的原则。有关行政许可的规定应当公布；未经公布的不得作为实施行政许可的依据。实施行政许可应当遵循便民的原则，提高办事效率，提供优质服务。行政相对人对行政机关实施行政许可享有陈述权、申辩权，有权依法申请行政复议或提起行政诉讼，合法权益受到损害的有权要求行政赔偿。

二、行政许可的设定

（一）设定范围

即哪些事项可以设定行政许可，哪些事项不能设定行政许可。设定行政许可应当遵循经济和社会发展规律，有利于发挥行政相对人的积极性、主动性，维护公共利益和社会秩序。

1. 行政机关准予行政相对人从事特定活动的事项

这一类事项的设定目的是防止危险和保障安全，范围非常广泛，包括直接关系国家安全、公共利益、生命财产安全的事项。如货物与技术进出口、财政金融税收、投资立项产业布局等；易燃易爆炸等危险品的生产储存运输、药品生产经营。

2. 赋予公民、法人或者其他组织特定权利并且具有数量限制的事项

这类许可事项一般与民事权利有关，许可的结果是向相对人授予某种民事权利，分配有限的自然资源和公共资源。主要有：土地、矿藏、森林、草原等自然资源的配置；出租车牌照、公共汽车运营线路等有限公共资源的配置；自来水、煤气、电力、电信、邮政等专营权

利的赋予。

3. 资格资质方面的事项

公民的职业资格许可主要有两类：一是职业资格许可。如律师资格证、执业医师资格证。二是劳动技能资格许可。有关企业和组织的资格、资质，主要有施工、勘察、设计、监理资质证书，测绘资格资质，招标代理机构资格证等。

4. 对特定物的检测、检验和检疫

对电梯进行检验颁发的合格证，直接关系公共安全、生命健康财产安全的重要设备、设施的设计、建造、安装和使用，民用航空器及其设备的设计，生猪屠宰、合格肉品品质的检验生猪产品。

5. 确定主体资格方面的事项

通过登记，确立个人、企业或者其他组织的特定主体资格的登记许可。一类是企业法人登记，确立其市场主体资格；另一类是社会组织登记，包括社会团体、事业单位、民办非企业单位登记等，以确立其从事社会活动的资格。

（二）不得设定行政许可的事项

（1）依法由公民、法人或者其他组织自主决定的事项。

（2）市场机制能够有效调节的事项。

（3）行业组织或者中介机构能够自律管理的事项。

（4）事后监督等其他方式能够解决的事项。

行政许可设定权具体的分配，则依照法律、行政法规、地方性法规和规章各自权限。

三、行政许可的实施机关

行政许可由具有行政许可权的行政机关在其法定职权范围内实施。法律、法规授权的具有管理公共事务职能的组织，在法定授权范围内，以自己的名义实施行政许可。被授权的组织适用《行政许可法》有关行政机关的规定。行政机关在其法定职权范围内，依照法律、法规、规章的规定，可以委托其他行政机关实施行政许可。

经国务院批准，省、自治区、直辖市人民政府根据精简、统一、效能的原则，可以决定一个行政机关行使有关行政机关的行政许可权。

行政许可需要行政机关内设的多个机构办理的，该行政机关应当确定一个机构统一受理行政许可申请，统一送达行政许可决定。行政许可依法由地方人民政府两个以上部门分别实施的，本级人民政府可以确定一个部门受理行政许可申请并转告有关部门分别提出意见后统一办理，或者组织有关部门联合办理、集中办理。

四、行政许可的实施程序

行政许可的实施程序包括申请与受理、审查与决定、期限、听证、变更与延续等。

（一）申请与受理

公民、法人或者其他组织从事特定活动，依法需要取得行政许可的，应当向行政机关提出申请。行政机关对申请人提出的行政许可申请，应当根据不同情况分别作出处理。行政机关受理或者不予受理行政许可申请，应当出具加盖本行政机关专用印章和注明日期的书面凭证。

（二）审查与决定

行政机关应当对申请人提交的申请材料进行审查。申请人提交的申请材料齐全、符合法定形式，行政机关能够当场作出决定的，应当当场作出书面的行政许可决定。根据法定条件和程序，需要对申请材料的实质内容进行核实的，行政机关应当指派两名以上工作人员进行核查。

行政机关对行政许可申请进行审查时，发现行政许可事项直接关系他人重大利益的，应当告知该利害关系人。申请人、利害关系人有权进行陈述和申辩。行政机关应当听取申请人、利害关系人的意见。

行政机关对行政许可申请进行审查后，除当场作出行政许可决定的外，应当在法定期限内按照规定程序作出行政许可决定。行政机关作出的准予行政许可决定,应当予以公开,公众有权查阅。

(三) 期限

除可以当场作出行政许可决定的外,行政机关应当自受理行政许可申请之日起 20 日内作出行政许可决定。20 日内不能作出决定的,经本行政机关负责人批准,可以延长 10 日,并应当将延长期限的理由告知申请人。但法律法规另有规定的,依照其规定。

行政许可采取统一办理或联合办理、集中办理的,办理的时间不得超过 45 日;不能办结的经本级人民政府负责人批准,可以延长 15 日,并应当将延长期限的理由告知申请人。

(四) 听证

法律、法规、规章规定实施行政许可应当听证的事项,或行政机关认为需要听证的其他涉及公共利益的重大行政许可事项,行政机关应当向社会公告,并举行听证。

行政许可直接涉及申请人与他人之间重大利益关系的,行政机关在作出行政许可决定前,应当告知申请人、利害关系人享有要求听证的权利;申请人、利害关系人在被告知听证权利之日起 5 日内提出听证申请的,行政机关应当在 20 日内组织听证。申请人、利害关系人不承担行政机关组织听证的费用。

听证要按照行政许可法规定的程序进行,听证应当制作笔录,行政机关应当根据听证笔录作出行政许可决定。

(五) 变更与延续

被许可人要求变更行政许可事项的,应当向作出行政许可决定的行政机关提出申请;符合法定条件、标准的,行政机关应当依法办理变更手续。

被许可人需要延续依法取得的行政许可的有效期的,应当在该行政许可有效期届满 30 日前向作出行政许可决定的行政机关提出申请。但是法律、法规、规章另有规定的,依照其规定。行政机关应当根据被许可人的申请,在该行政许可有效期届满前作出是否准予延续的决定;逾期未作决定的,视为准予延续。

第三节 行政处罚

一、行政处罚概述

（一）行政处罚的概念与特征

行政处罚是指行政机关或其他行政主体依照法定权限和程序，对行政相对人违反行政法律规范尚未构成犯罪的行为所实施的法律制裁。它具有以下特征。

（1）行政处罚的主体是具有行政处罚权的行政机关和法律法规授权的组织。

（2）行政处罚的对象是违反行政法律规范尚未构成犯罪的行政相对人。行政处罚的对象不同于行政机关给予行政处分的公务人员，也不同于给予刑罚的犯罪分子。

（3）行政处罚的目的是为了保障和监督行政机关有效实施行政管理，维护公共利益和社会秩序，同时也是为了惩戒和教育违法者。

（4）行政处罚的性质是一种以惩戒违法为目的具有制裁性的具体行政行为。行政处罚是对行政相对人的人身自由、财产、名誉或其他权益的限制和剥夺，体现了强烈的制裁性、惩戒性。

（二）行政处罚的适用原则

行政处罚的适用要遵循以下基本原则。

1. 处罚法定原则

它是指行政处罚必须依法进行，处罚的主体必须是有处罚权的行政机关和授权组织，有法律法规规章的明确依据，还要遵循法定程序。

2. 处罚与教育相结合

即实施行政处罚，既是纠正违法行为，更是教育公民、法人或者其他组织自觉守法。

3. 一事不再罚原则

对当事人的同一个违法行为，不得给予两次以上罚款的行政处罚。它的含义包括：对同一违法行为，一个行政机关已经给予罚款处罚的，其他行政机关不得再次给予罚款处罚；如果一个机关已经给予罚款以外的其他种类处罚，如暂扣许可证或者暂扣执照等，其他机关不应再次给予相同的处罚。

此外，还有公开公正原则、首先纠正违法行为原则、处罚救济原则。

二、行政处罚的种类

《行政处罚法》规定，行政处罚主要有以下六种。

（一）警告

警告是指行政主体对行政违法行为的相对人所实施的一种书面形式的谴责和告诫。警告既有教育性质又有制裁性质，一般针对实施轻微行政违法行为的相对人。如道路交通安全法规定，对违反道路交通安全法律法规关于机动车停放、临时停车规定的，可以指出违法行为，并予以口头警告、令其立即驶离。

（二）罚款

罚款是指行政主体对行政违法行为的相对人所实施的依法强制他在一定期限内缴纳一定数量货币的处罚行为。罚款是一种使当事人在经济上受到损失，警示其今后不再发生违法行为的财产处罚。罚款不同于法院判处犯罪分子所适用的罚金，是一种适用范围比较广泛的行政处罚，通常由法律法规和规章规定一定的罚款数额或幅度。

（三）没收违法所得、没收非法财物

没收是行政主体对行政违法行为的相对人所实施的将生产经营的违禁物品或其他与违法行为相关的财物收归国有的制裁。没收范围包括违法所得和非法财物。没收可以视情节轻重而决定部分或全部没收。如药品管理法规定，药品上市许可持有人、药品生产经营企业的负责人、在药品购销中收受其他药品上市许可持有人、药品生产经营

企业或代理人给予的财物或其他不正当利益的,没收违法所得,依法给予处罚。

(四)责令停产停业

责令停产停业是行政主体对有行政违法行为的工商企业和个体工商户等相对人所实施的,限制其从事生产、经营的处罚。如食品安全法规定,生产经营不符合卫生标准的食品,造成食物中毒事故或其他食源性疾患的,责令停止生产经营,销毁涉案食品。

(五)暂扣或吊销许可证

吊销许可证或执照是对违法者从事某种活动的权利或享有的某种资格的取消,暂扣许可证或执照,则是中止行为人从事某项活动的资格,待行为人改正以后或经过一定期限以后,再发还许可证或执照。如食品安全法规定,食品生产经营过程不符合卫生要求,责令改正拒不改正或有其他严重情节的,吊销卫生许可证。又如道路交通安全法规定,饮酒后驾驶机动车的,处暂扣6个月机动车驾驶证,并处1千元以上2千元以下罚款。

(六)行政拘留

行政拘留又称治安拘留,是公安机关对违反治安管理的人在短期内限制其人身自由的一种强制性惩罚措施。行政拘留是行政处罚中最严厉的一种,但它又不同于刑事诉讼中的强制措施刑事拘留,也不同于法院在民事诉讼和行政诉讼中采取的司法拘留。

此外,作为兜底性条款,法律、行政法规规定的其他行政处罚还包括责令金钱或物质赔偿、责令违法相对方限期治理、通报批评等。

三、行政处罚程序

行政处罚程序可分为简易程序、一般程序和听证程序三类。

(一)简易程序

简易程序又叫当场处罚程序,是指在具备某些条件的情况下,由执法人员当场作出决定并执行行政处罚事项的程序。适用简易程序必须同时具备以下三个条件：一是违法事实确凿；二是有法定依据；三是对公民处以 50 元以下、对法人或其他组织处以 1 千元以下的罚款或警告的行政处罚。执法人员当场作出行政处罚决定的，应当向当事人出示执法身份证件，填写行政处罚决定书并签名或盖章，当场交付当事人。

（二）一般程序

一般程序又称普通程序，是行政处罚的基本程序，内容最完善、适用最广泛。一般程序适用于除依据简易程序作出的行政处罚以外的其他行政案件。一般程序适用的具体过程包括以下步骤：立案、调查取证、向当事人说明理由并告知救济权利、听取当事人的陈述与申辩、作出行政处罚决定、制作并送达行政处罚决定书。

（三）听证程序

听证程序是一般程序中的特殊环节，是指在作出重大行政处罚决定前，在违法案件调查承办人和相对人双方的参加下，由行政机关专门人员主持听取相对人申辩、质证和意见，进一步核实和查清事实，以保证处罚结果公正合理的一种程序。责令停产停业、吊销许可证或执照、较大数额罚款等三种行政处罚案件，如果当事人要求听证，行政机关应当组织听证，组织听证的费用由行政机关承担。听证依照规定的程序组织进行。

第四节　行政复议

一、行政复议的概念与特征

（一）行政复议的概念

行政复议是解决行政争议的一种广泛运用的行政方法，是指行政相对人不服行政机关作出的具体行政行为，依法向行政复议机关提出申请，请求重新审查并纠正原具体行政行为，行政复议机关据此对行政机关的具体行政行为是否合法、适当进行审查并作出决定的法律制度。

行政复议是解决行政争议、为行政相对人的合法权益提供保障的重要法律制度，它与行政诉讼制度一样，都是相对人的行政救济措施。但行政复议是在行政系统内部由行政机关自行消除违法或不当行为，适用行政程序的行政活动；行政诉讼是在法院主持下独立的司法活动。

（二）行政复议的特征

行政复议具有以下特征：
（1）行政复议是解决行政争议的一种行政方法。
（2）行政复议基本上是以具体行政行为为审查对象的行政审查制度。
（3）行政复议是一种依申请的行政行为。
（4）行政复议主体一般是作出有争议行政决定的上级机关。
（5）行政复议以合法性与合理性为审查标准。
（6）行政复议以书面审查为主要方式。
（7）行政复议决定必须是针对原行政决定而作出的新的决定。
（8）行政机关的一切行政行为必须接受人大监督、行政监督和司法监督。

行政复议作为一种重要的简便迅速的行政救济方法，既能为相对人的合法权益提供有力法制保障，又能保障行政活动顺畅进行，提高行政效率，还可以促进行政机关上下级之间的监督。

二、行政复议的范围

行政复议的范围是指可以申请行政复议的具体行政行为的范围。行政机关针对特定公民、法人或者其他组织等行政相对人作出的影响其权益的决定或措施的具体行政行为，行政相对人不服的都可以申请行政复议。具体包括以下具体行政行为。

（一）行政处罚

对行政机关作出的警告、罚款、没收违法所得、没收非法财物、责令停产停业、暂扣或者吊销许可证、暂扣或者吊销执照、行政拘留等行政处罚决定不服的。

（二）行政强制措施

对行政机关作出的限制人身自由或查封、扣押、冻结财产等行政强制措施决定不服的。包括对人身的强制措施强制传唤、强制戒毒、强行约束、强制带离、强制搜查等和对财产的强制措施包括查封、扣押、冻结财产等。

（三）对许可证、执照证书的行政决定

即对行政机关作出的有关许可证、执照、资质证、资格证等证书变更、中止、撤销的决定。

（四）行政确权

即公民、法人或者其他组织对各级政府关于确认土地、矿藏、水流、森林、山岭、草原、荒地、滩涂、海域等的所有权或者使用权的决定不服的。

（五）侵犯经营自主权的行为

经营自主权主要是指法律、法规赋予企业对所经营财产的占有、使用、收益和处分权、生产经营计划权等。行政机关干预企业的经营，侵犯企业的经营自主权，企业可以申请行政复议。

（六）干涉农业承包合同的行为

对农业承包经营活动进行干预，擅自变更或废止农业承包合同，侵犯农民的经营自主权和财产权的行为。

（七）违法要求履行义务的行为

行政机关违法要求履行的乱集资、乱收费、乱摊派等"三乱"以及其他财产或劳务负担的行为。

（八）不予颁发许可证、执照等许可行为

如果符合条件，申请行政机关颁发许可证、执照、资质证、资格等证书，或者申请行政机关审批、登记有关事项，行政机关没有依法办理的，公民、法人或者其他组织可以申请复议。

（九）行政不作为行为

相对人申请行政机关履行保护人身、财产或受教育权利的法定职责，行政机关拒绝履行或不予答复的；行政机关不依法发放抚恤金、社会保险金或最低生活保障费的行为，这些行政不作为行为都可以申请行政复议。

（十）其他具体行政行为

这是一项兜底性规定，其目的是为了更好地保护公民、法人或者其他组织的合法权益。它表明只要公民、法人或者其他组织认为行政机关的具体行政行为侵犯了其合法权益，都可以申请复议。

行政复议法还规定了对抽象行政行为的申请审查。相对人认为行政机关的具体行政行为所依据的国务院部门的规定、县级以上地方各级政府及其工作部门的规定、乡镇政府的规定不合法，在对具体行政行为申请行政复议时，可以一并向行政复议机关提出对该规定的审查申请。

此外，相对人对行政机关作出的行政处分或其他人事处理决定不服的，依照有关法律行政法规的规定提出申诉。不服行政机关对民事纠纷作出的行政调解或行政裁决，依法申请仲裁或向法院起诉。这两项都不属于行政复议的范围，不能申请复议。

三、行政复议的程序

行政复议的程序包括申请、受理、决定。

（一）申请

有权申请行政复议的公民、法人或者其他组织等申请人认为具体行政行为侵犯其合法权益的，可以自知道该具体行政行为之日起60日内提出行政复议申请；法律规定的申请期限超过60日的除外。申请人申请行政复议的形式可以是书面的或口头的。

对县级以上地方各级政府工作部门的具体行政行为不服的，申请人可以选择向该部门的本级政府或上一级主管部门申请行政复议。对海关、税务、金融、外汇管理等实行垂直领导的行政机关和国家安全机关的具体行政行为不服的,向上一级主管部门申请行政复议。

对地方各级政府的具体行政行为不服的,向上一级地方政府申请行政复议。对省级政府依法设立的派出机关所属的县级地方政府的具体行政行为不服的,向该派出机关申请行政复议。

对国务院部门或省级政府的具体行政行为不服的,向作出该具体行政行为的国务院部门或省级政府申请行政复议。对行政复议决定不服的,可以向法院提起行政诉讼;也可以向国务院申请裁决,国务院依法作出最终裁决。

(二)受理

行政复议机关收到行政复议申请后应当在5日内进行审查,对不符合行政复议申请规定的,决定不予受理并书面告知申请人;对符合规定但不属于本机关受理的行政复议申请,应当告知申请人向有关行政复议机关提出。

法律、法规规定应当先向行政复议机关申请行政复议、对行政复议决定不服再向法院提起行政诉讼的,行政复议机关决定不予受理或受理后超过行政复议期限不作答复的,公民、法人或其他组织可以自收到不予受理决定书之日起或行政复议期满之日起15日内,依法向法院提起行政诉讼。

公民、法人或者其他组织依法提出行政复议申请,行政复议机关无正当理由不予受理的,上级行政机关应当责令其受理;必要时,上级行政机关也可以直接受理。

行政复议期间具体行政行为不停止执行,但有下列情形之一的,可以停止执行:①被申请人认为需要停止执行的;②行政复议机关认为需要停止执行的;③申请人申请停止执行,行政复议机关认为其要求合理,决定停止执行的;④法律规定停止执行的。

(三)决定

行政复议原则上采取书面审查的办法,但申请人提出要求或行政复议机关负责法制工作的机构认为有必要时，可以向有关组织和人员调查情况，听取申请人、被申请人和第三人的意见。

行政复议机关负责法制工作的机构应当对被申请人作出的具体行政行为进行审查，提出意见，经行政复议机关的负责人同意或集体讨论通过后，按照下列规定作出行政复议决定。

（1）具体行政行为认定事实清楚，证据确凿，适用依据正确，程序合法，内容适当的，决定维持。

（2）被申请人不履行法定职责的，决定其在一定期限内履行。

（3）具体行政行为有下列情形之一的，决定撤销、变更或确认该具体行政行为违法；决定撤销或确认该具体行政行为违法的，可以责令被申请人在一定期限内重新作出具体行政行为：①主要事实不清、证据不足的；②适用依据错误的；③违反法定程序的；④超越或者滥用职权的；⑤具体行政行为明显不当的。

（4）被申请人不依法提出书面答复、提交当初作出具体行政行为的证据、依据和其他有关材料的，视为该具体行政行为没有证据、依据，决定撤销该具体行政行为。

行政复议机关责令被申请人重新作出具体行政行为的，被申请人不得以同一事实和理由作出与原具体行政行为相同或者基本相同的具体行政行为。

【推荐读物】

1. 行政处罚法教程．应松年．法律出版社2012年版。
2. 行政复议法教程．邰风涛．中国法制出版社2011年版。
3. 行政法的人文精神．叶必丰．北京大学出版社2005年版。
4. 铗秤弹咏：在修远路上．沈岿．北京大学出版社2006年版。
5. 行政法典型案例评析．敖双红．中南大学出版社2016年版。
6. 行政许可——法和经济学．张卿．北京大学出版社2013年版。
7. 行政法讲义．余凌云．清华大学出版社2019年版。

8. 行政法平衡理论讲演录．罗豪才等．北京大学出版社 2011 年版。

9. 行政规制与权利保障．杨建顺．中国人民大学出版社 2008 年版。

10. 行政法与行政诉讼法学案例教程．马怀德．知识产权出版社 2014 年版。

第五章 刑法

┃本章重要概念和术语┃

刑法 刑法的基本原则 刑罚 犯罪 犯罪构成 犯罪主体 犯罪主观方面 犯罪客体 犯罪客观方面 故意犯罪 过失犯罪 共同犯罪 正当防卫 紧急避险 犯罪中止 犯罪未遂 主刑 附加刑 罚金 没收财产 量刑 累犯 自首 立功 缓刑 减刑 假释

第一节 刑法概述

一、刑法的概念

刑法是规定犯罪、刑事责任和刑罚的法律。具体而言，是规定哪些行为是犯罪和应负刑事责任，并给犯罪人以何种刑罚处罚的法律。刑法有广义和狭义之分。狭义刑法仅指系统地规定犯罪、刑事责任和刑罚的刑法典，在我国指《中华人民共和国刑法》。广义刑法是指一切规定犯罪、刑事责任和刑罚的法律规范的总和。它不仅仅指刑法典、刑法修正案，还包括全国人民代表大会常务委员会对刑法典中局部内容进行修改补充的决定或补充规定，也包括非刑事法律中的刑事责任条款，理论上分别称为单行刑法、附属刑法。

我国刑法典于1979年7月1日第五届全国人民代表大会第二次会议通过、1997年3月14日第八届全国人民代表大会第五次会议进行了重大修订，自1997年10月1日起施行。刑法包括总则、分则、附则三部分，共 15 章 452 个条文。此后，自 1999 年开始至今 20 年间，全国人民代表大会常务委员会一共进行了十次修正。2017 年最新的《刑法修正案（十）》将在公共场合侮辱国歌的行为写入刑法，情节严重的可处 3 年以下有期徒刑。

二、刑法的任务与基本原则

刑法的任务包括打击犯罪和保护人民，具体表现为：保卫人民民主专政的政权和社会主义制度，保护公共财产和公民私人所有的合法财产，保护公民的人身权利、民主权利和其他权利，维护社会秩序和经济秩序。

刑法的基本原则是指贯穿全部刑法规范，具有指导和制约全部刑事立法和刑事司法意义，体现我国刑事法治基本精神的准则。我国《刑法》明文规定了三个基本原则，即罪刑法定原则、罪责刑相适原则、刑法面前人人平等原则。

（一）罪刑法定原则

罪刑法定原则是世界各国刑法中最普遍、最重要的一项基本制度，它的经典表述是"法无明文规定不为罪，法无明文规定不处罚"。对某种危害社会的行为是否认定为犯罪行为、是否给予刑罚处罚以及给予什么样的刑罚处罚，必须以法律的明文规定为准则。

（二）罪责刑相适原则

罪责刑相适原则的基本含义是犯多大的罪，就应当承担多大的刑事责任，法院就应当判处相应轻重的刑罚，做到了重罪重判，轻罪轻判，罪行相称，罚当其罪。罪责刑相适原则，要求给予的刑罚不仅要和犯罪行为的危害程度相适应，而且还要与行为人的刑事责任相适应，结合行为人的主观恶性和人身危害性的大小，把握罪行和犯罪各个方面的因素，确定刑事责任的严厉程度，适用轻重相应的刑罚。

（三）刑法面前人人平等原则

刑法面前人人平等原则的基本要求是：就犯罪人而言，任何人犯罪，都应受到法律的追究，任何人不得享有超越法律规定的特权；对于一切犯罪行为，不论犯罪人的社会地位、家庭出身、民族、宗教信仰、职业、财产等都一律平等地适用刑法，在定罪量刑时不应有所区别，而要一视同仁，依法惩处。就被害人而言，任何人受到犯罪侵害，都应当依法追究犯罪，保护被害人的权益，不得因为被害人的身份、地位、民族、宗教信仰、职业、财产等情况的不同而对犯罪和犯罪人予以不同的刑法适用。

第二节　犯罪理论

一、犯罪的概念和特征

我国《刑法》第13条规定："一切危害国家主权、领土完整和安全，分裂国家、颠覆人民民主专政的政权和推翻社会主义制度，破坏社会秩序和经济秩序，侵犯国有财产或者劳动群众集体所有的财产，侵犯公民私人所有的财产，侵犯公民的人身权利、民主权利和其他权利，以及其他危害社会的行为，依照法律应当受刑罚处罚的，都是犯罪，但是情节显著轻微危害不大的，不认为是犯罪。"

刑法的概念是我们认定犯罪、划分罪与非罪界限的基本依据。犯罪这种行为具有以下三个基本特征。

（1）犯罪是危害社会的行为，具有一定的社会危害性。这是犯罪最本质的特征，就是犯罪行为危害了国家和人民的利益，危害了社会主义社会。

（2）犯罪是触犯刑法的行为，具有刑事违法性。犯罪不是一般的违法行为，而是违反刑法、触犯刑律的行为，是刑事违法行为。违法并不都是犯罪，只有违反刑法的才构成犯罪。如扒窃、诈骗少量财物等行为，只是违反治安管理处罚的行为。

（3）犯罪是应受刑罚处罚的行为，具有应受惩罚性。任何违法行为，都要承担相应的法律后果。违反刑法的犯罪行为，要承担刑罚处罚的法律后果。

二、犯罪构成

刑法中的犯罪构成，是指依照刑法的规定，决定某一具体行为构成犯罪所必须具备的一切客观要件和主观要件的有机统一的整体。犯罪概念从宏观上揭示犯罪的本质与基本特征，是犯罪构成的基础；犯罪构成是认定犯罪的具体法律标准，是犯罪概念的具体化。犯罪构成具有以下四个方面的共同要件：犯罪主体、犯罪的主观方面、犯罪客体、犯罪的客观方面。

（一）犯罪主体

1. 犯罪主体

犯罪主体，是指实施了危害社会的行为，依法应当承担刑事责任的自然人和单位。自然人作为犯罪主体具有普遍意义，单位犯罪是例外。单位成为犯罪主体，必须以刑法分则的明确规定为限。少数罪名既可以由自然人作为犯罪主体，也可以由单位作为犯罪主体。自然人作为犯罪主体，要具备两个要件：一是刑事责任年龄，二是刑事责任能力。

2. 刑事责任年龄

刑事责任年龄是指对违法行为负刑事责任的年龄范围。达到刑事责任年龄，是自然人作为犯罪主体的前提条件。我国刑法把刑事责任年龄分为三个阶段：①完全不负刑事责任时期，即不满14周岁的自然人，对其实施的任何行为都不负刑事责任；②相对负刑事责任时期，指已满14周岁不满16周岁的自然人，仅对《刑法》明确规定的八种犯罪即故意杀人、故意伤害致人重伤或死亡、强奸、抢劫、贩卖毒品、放火、爆炸、投放危险物质等8种严重危害社会和人身安全的行为承担刑事责任；③完全负刑事责任时期，即已满16周岁的自然人，对其触犯刑法的行为都要承担刑事责任。

3. 刑事责任能力

刑事责任能力是指行为人辨认和控制自己行为的能力。即要求同时具备辨认能力与控制能力。我国刑法规定精神病人在不能辨认或者不能控制自己的行为的时候造成危害结果，经法定程序鉴定确认的，不负刑事责任，但是应当责令他的家属或者监护人严加看管和医治；在必要的时候，由政府强制医治。间歇性的精神病人在精神正常的时候犯罪，应当负刑事责任。尚未完全丧失辨认或者控制自己行为能力的精神病人犯罪的，应当负刑事责任，但是可以从轻或减轻处罚。又聋又哑的人或者盲人犯罪，可以从轻、减轻或免除处罚。醉酒的人犯罪，应当负刑事责任。

4. 单位犯罪

公司、企业、事业单位、机关、团体实施的危害社会的行为，法律规定为单位犯罪的，应当负刑事责任。我国刑法对单位犯罪采取的是双罚制，既除对单位判处罚金，还要处罚直接责任人。

（二）犯罪的主观方面

1. 犯罪主观方面

犯罪主观方面是指刑法规定成立犯罪必须具备的，犯罪主体对其实施的危害行为及危害结果所持的心理态度。根据犯罪的主观方面的不同，把犯罪划分故意犯罪和过失犯罪。

2. 故意犯罪

明知自己的行为会发生危害社会的结果，并且希望或放任这种结果的发生，因而构成犯罪的，是故意犯罪。一是行为人明知自己的行为会发生危害社会的结果；二是行为人希望或者放任这种危害结果的发生。行为人在主观方面必须同时具备这两个因素，才能认定行为人构成故意犯罪。

根据行为人故意犯罪的认识和意志的不同，可以把故意犯罪分为直接故意和间接故意。从认识因素上看，直接故意包括行为人认识到危害结果的必然发生和可能发生，间接故意只能是行为人认识到危害结果的可能发生。从意志因素上看，直接故意是积极追求、希望危害结果的发生，而间接故意则是对危害结果采取听之任之、无所谓的态度，不发生危害结果也不懊悔，发生危害结果也不违背其本意。

3. 过失犯罪

应当预见自己的行为可能会发生危害社会的结果，因为疏忽大意而没有预见，或者已经预见而轻信能够避免，以致发生这种结果的，是过失犯罪。过失犯罪的主观恶性明显小于故意犯罪，所以刑法对过失犯罪均要求有危害结果的发生，行为人才负刑事责任。

根据行为人过失心理状态的不同，把过失犯罪划分为疏忽大意的过失和过于自信的过失。过于自信的过失在行为当时行为人已经预见到其行为可能导致某种危害结果的发生，但自信凭借一定的条件可以避免；疏忽大意的过失是因为粗心大意，行为人在当时根本没有预见到危害结果可能会发生。

4. 意外事件

行为在客观上虽然造成了损害结果，但不是出于故意或者过失，而是由于不能抗拒或者不能预见的原因所引起的，不是犯罪。这是我国刑法理论所说的主观上无罪过的意外事件。不能预见的原因是指行为人对其行为发生危害结果不但未能预见，而且根据其实际认识能力和当时的具体条件，行为时根本不可能预见。行为人虽然在客观上造成了危害社会的结果，但行为人主观上既无故意，又无过失，此时行为人不具备犯罪和负刑事责任的主观根据，因此不能认定为犯罪。例如，张三劝李四暑假时坐飞机去外地旅游，结果李四坐飞机时发生空难去世。对于这种意外事件，不能追究张三的刑事责任。

(三) 犯罪客体

犯罪客体是我国刑法所保护、而为犯罪行为所侵犯的社会关系。犯罪客体是决定社会危害性的首要条件。著名刑法学家张明楷教授则认为，犯罪行为侵犯的是法益，因而犯罪客体是被反映的对象，而不是犯罪构成要件。这个供有兴趣的同学去研究。

犯罪客体与犯罪对象是不同的。犯罪对象是犯罪行为所直接指向的人或物，是社会关系的具体表现形式或承担者、承受者，如被杀害的人、被盗窃的财产等。犯罪对象作为危害行为直接作用的具体人或具体物，是具体社会关系的物质表现或者具体社会关系的主体或参加者。

(四) 犯罪的客观方面

犯罪客观方面是指刑法所规定的、说明行为对刑法所保护的社会关系的侵犯性，而为行为成立犯罪所必须具备的客观事实特征。包括危害行为，危害结果，犯罪的时间、地点、方法等。

1. 危害行为

危害行为指行为人在其意识和意志的支配下实施的具有社会危害性与刑事违法性的身体的动静。每一个危害行为必须具备三个特征：①危害行为是表现于外部的行为人的身体的动静，这是危害行为的客观外在特征。②行为人的身体的动静是由行为人的心理态度支配的。这是危害行为的主观内在特征。③由行为人的心理态度支配的身体的动静，必须对社会具有危害性。这是危害行为的法律特征。单纯的思想不能影响社会关系的性质并对其造成损害或者威胁，只有思想外化为行为，才能具有社会危害性。

危害行为的表现形式包括作为和不作为。作为是行为人以积极的身体活动所实施的刑法禁止实施的危害行为，是危害行为的一种基本方式，即"不应为而为"。不作为是危害行为的另一种基本形式，指刑法要求行为人必须履行实施某种特定积极行为的义务，行为人能够履行而没有履行该义务的行为，即"应为而不为"。不作为中的特定义务指在一定的社会关系内，基于一定的事实与条件产生的要求行为人为一定积极行为的具体法律义务。如将无自救能力的儿童带到水库、泳池等危险地带的行为人，此时就负有救护儿童、防止危险发生的义务。又如，男青年甲和女青年乙谈恋爱并同居，乙曾经怀孕后堕胎。后甲想和乙断绝关系，乙不同意，甲坚决不再和乙来往。一日乙到甲的单身宿舍，要求双方继续保持恋爱关系，被甲拒绝。乙说"那我就死给你看！"随即当着甲的面喝下事先带来的大量农药。甲既未夺下药瓶，也没有采取救治措施，任由已经服药的乙躺在自己的宿舍，自己出去逛了很长时间。后乙死亡。对于甲，应按故意杀人罪论处。

2. 危害结果

危害结果是指危害行为给刑法所保护的社会关系所造成的具体损

害事实，表现为具体的直接的现实的损害。有些犯罪把犯罪结果是否发生作为构成犯罪既遂的标准，如故意伤害罪以造成他人身体健康的损害为既遂。

刑法规定，危害行为与危害结果之间必须有引起与被引起的因果关系。原因只能是刑法上规定的危害行为，结果只能是刑法上规定的危害结果。此外，刑法分则有明文规定时，犯罪的时间、地点和方法成为犯罪构成的要件。

三、犯罪形态

犯罪形态是指在故意犯罪的发展过程中由于主客观方面的原因而出现停顿的行为状态，包括犯罪预备、犯罪未遂、犯罪中止、犯罪既遂四种，其中前三种是犯罪的未完成形态，最后一种是犯罪的完成形态。

（一）犯罪预备

犯罪预备是指行为人为了犯罪而进行了准备工具、创造条件的行为，由于行为人意志以外的原因未及着手实行犯罪的未完成形态。对于预备犯，可以比照既遂犯从轻、减轻或免除处罚。

（二）犯罪未遂

犯罪未遂，指犯罪分子已经着手实行犯罪，由于其意志以外的原因而未能达到既遂状态的未完成形态。犯罪未遂是行为人已经着手实施犯罪，但犯罪没有得逞，犯罪没有得逞是犯罪分子意志以外的原因。对于犯罪未遂，可以比照既遂犯从轻或减轻处罚。

（三）犯罪中止

犯罪中止是指在犯罪过程中，行为人自动中止犯罪或自动有效地防止犯罪结果发生的犯罪未完成形态。犯罪中止可以分为自动放弃犯罪的犯罪中止和自动有效地防止犯罪结果发生的犯罪中止。行为人虽然采取了必要的措施，但是危害结果仍然出现，不成立中止。如在甲故意杀其仇人时，被害人受伤后疼痛难忍，极为可怜。甲顿生怜悯之心，送其到医院医治，最后还是抢救无效死亡。甲成立故意杀人犯罪的既遂而非故意杀人犯罪的中止。中止犯没有造成损害的，应当免除处罚；造成损害的应当减轻处罚。

四、共同犯罪

共同犯罪是指两个以上的自然人、单位或自然人与单位共同故意犯罪，是相对于单独犯罪而言的。共同的过失犯罪由于不具备共同的认识因素和意志因素而不成立共同犯罪。我国刑法根据共同犯罪人在共同犯罪中的地位和作用，适当考虑共同犯罪人的分工，把共同犯罪人分为主犯、从犯、胁从犯和教唆犯。

主犯是指组织、领导犯罪集团进行犯罪活动或者在共同犯罪中起主要作用的犯罪分子。对于组织、领导犯罪集团的首要分子，按照集团所犯的全部罪行处罚；对于其他主犯，应当按照其所参与的或者组织、指挥的全部犯罪处罚。从犯是指在共同犯罪中起次要或者辅助作用的犯罪分子。对从犯应当从轻、减轻或免除处罚。胁从犯是指被胁迫参加共同犯罪的犯罪分子。胁从犯应当按照他的犯罪情节减轻或免除处罚。教唆犯是指故意唆使他人产生犯罪意图并实施犯罪的犯罪分子，教唆犯本人并不亲自实行犯罪。教唆犯应当按照他在共同犯罪中的作用处罚。教唆不满18周岁的人犯罪的，应当从重处罚。如果被教唆的人没有犯被教唆之罪，属于教唆未遂，教唆犯可以从轻或者减轻处罚。教唆不满14周岁的人或者精神病人犯罪的属于间接正犯或间接实行犯，对教唆者应当以单独犯论处。

五、正当行为

正当行为，也叫排除犯罪性的行为，是指在形式上似乎构成犯罪但实质上不具备社会危害性和刑事违法性，因而不构成犯罪的行为。主要有正当防卫行为、紧急避险行为、履行职务的行为、经权利人同意的行为。我国刑法只规定了正当防卫和紧急避险两种典型的正当行为，并在立法上给予明确保护。

（一）正当防卫

《刑法》第20条第1款规定，为了使国家、公共利益、本人或者他人的人身、财产和其他权利免受正在进行的不法侵害，而采取的制止不法侵害的行为，对不法侵害人造成损害的，属于正当防卫，不负刑事责任。正当防卫的成立需要符合以下条件，缺一不可。

（1）起因。必须是存在具有社会危害性和侵害紧迫性的不法侵害行为，包括非法行为和犯罪行为。

（2）时间。不法侵害正在进行尚未结束。正在进行是指不法侵害人已经着手直接实施不法侵害行为，已经对法律保护的权益构成了现实的威胁。

（3）主观。具有正当防卫的意图，防卫人主观上必须出于正当防卫的目的。即为了使国家、公共利益、本人或者他人的人身、财产或其他权益免受不法侵害。

（4）对象。针对不法侵害本人。对不法侵害的打击通常是针对其人身。

（5）限度。正当防卫不能明显超过必要的限度且造成重大损害。防卫过当如果构成犯罪的，应当承担刑事责任，但是应当减轻或免除处罚。

对正在行凶、杀人、抢劫、强奸、绑架以及其他严重危及人身安全的暴力犯罪，采取防卫，造成不法侵害人伤亡的，不属于防卫过当，不负刑事责任。当这些暴力犯罪严重危及人身安全时，可以适用无过当防卫权。

（二）紧急避险

为了使国家、公共利益、本人或者他人的人身、财产，或者其他权益免受正在发生的危险，不得已采取的紧急避险行为，造成损害的，不负刑事责任。紧急避险实际上是以牺牲一个较小的权益达到保全一个较大的合法权益的行为。紧急避险的成立也需要符合以下条件。

（1）起因。前提是有来自自然界的地震、海啸、洪水、动物的袭击，或人的生理或疾病的原因等现实的危险存在。

（2）时间。要求危险正在发生，对合法权益可能造成的严重危害已经出现，危害尚未结束。

（3）对象。是第三者的合法权益。只能通过损害第三者的合法权益来达到保护一个较大的权益。

（4）主观。必须要有正当避险意图，包括避险的认识和避险的目的。

（5）限制。只能是出于迫不得已。当危险发生时，除了损害第三者的合法权益之外，不可能用其他的方法来保全另一合法的权益。

（6）限度。不能超过必要的限度造成不应有的损害。紧急避险所损害的利益，必须小于所保护的利益。

正当防卫和紧急避险两者的本质区别是，正当防卫是合法权益与不法权益之间的冲突，紧急避险是两个合法权益之间的冲突。正当防卫打击的是非法利益，紧急避险损害的是第三者的合法权益。公民在进行正当防卫和紧急避险时，都不得超过必要的限度，否则也要承担相应的刑事责任。

第三节 刑罚理论

一、刑罚的概念与目的

（一）刑罚的概念

刑罚就是法院代表国家对犯罪分子所适用的限制或剥夺其某种权益的最严厉的法律制裁。刑罚是最严厉的法律制裁，是对犯罪分子某种利益如自由、财产甚至生命的剥夺。刑罚只适用于构成犯罪的人，且只能由国家刑事审判机关即法院依法适用。刑罚制度主要包括刑罚的种类即刑罚体系、刑罚的裁量、刑罚的执行、刑罚的消灭等。

（二）刑罚的目的

国家对犯罪分子适用刑罚的根本目的是预防犯罪，包括特殊预防和一般预防。而惩罚和教育是达到刑罚目的的手段。特殊预防就是预防犯罪分子本人再犯罪。法院对犯罪分子的判刑，除了极少数罪行极其严重非杀不可的依法判处死刑外，对其他犯罪分子，主要是通过惩罚和教育，把他们改造成为遵守法纪、自食其力的新人。一般预防就是通过对犯罪分子适用刑罚，警戒和震慑社会上那些有可能犯罪的分子，以达到"杀一儆百、以儆效尤"的目的。

二、刑罚的种类

我国的刑罚分为主刑、附加刑。主刑就是只能独立适用，不能附加于其他刑种适用的刑罚。包括管制、拘役、有期徒刑、无期徒刑、死刑。附加刑是既可以作为主刑的补充而附加适用，也可以独立适用的刑罚。包括罚金、剥夺政治权利、没收财产。对于犯罪的外国人，可以独立适用或附加适用驱逐出境。

（一）管制

管制属于限制自由刑，是我国主刑中最轻的。对判处管制的犯罪分子，依法实行社区矫正。被判处管制的犯罪分子在执行期间应当遵守下列规定：①遵守法律、行政法规，服从监督；②未经执行机关批准，不得行使言论、出版自由等政治权利；③按照执行机关规定报告自己的活动情况；④遵守执行机关关于会客的规定；⑤离开所居住的市、县或者迁居，应当报经执行机关批准。对于被判处管制的犯罪分子，在劳动中应当同工同酬。判处管制，可以根据犯罪情况，同时禁止犯罪分子在执行期间从事特定活动，进入特定区域、场所，接触特定的人。管制的期限为3个月以上2年以下，数罪并罚最高不超过3年。判决前先行羁押的，羁押1日折抵刑期2日。

（二）拘役

拘役属于短期的自由刑，是短期剥夺犯罪分子的人身自由，就近执行劳动改造的一种刑罚。被判处拘役的犯罪分子，由公安机关就近执行，在执行期间每月可以回家一至两天，参加劳动的，可以酌量发给报酬。

拘役的期限为1个月以上6个月以下，数罪并罚不能超过1年。

拘役的刑期的计算从判决执行之日起计算。判决前先行羁押的，羁押1日折抵刑期1日。

（三）有期徒刑

有期徒刑是剥夺犯罪分子一定期限的人身自由，并强制其进行劳动接受教育改造的刑罚方法。有期徒刑的刑期为6个月以上15年以下，数罪并罚，有期徒刑总和刑期不满35年的，最高不能超过20年，总和刑期在35年以上的，最高不能超过25年。有期徒刑刑期的计算从判决执行之日起计算，判决前先行羁押的，羁押1日折抵刑期1日。

（四）无期徒刑

无期徒刑是剥夺犯罪分子的终身自由，强制其参加劳动接受教育改造的刑罚方法。其严厉程度仅次于死刑，同时必须要剥夺政治权利终身。实际执行中，并不一定会把犯罪分子关押到死。被判处无期徒刑的犯罪分子，在服刑期间如果符合法定条件，可以减刑或者假释。被判处有期徒刑或无期徒刑的犯罪分子除了无劳动能力的外，均要在监狱或者其他执行场所参加劳动、接收教育改造。

（五）死刑

死刑也叫生命刑，是剥夺犯罪分子生命的刑罚，是刑罚中最严厉的惩罚方法。死刑只适用罪行极其严重的犯罪分子。对于犯罪时不满18周岁的人和审判时包括审判前被羁押时怀孕的妇女，不能适用死刑。审判的时候已满75周岁的人也不适用死刑，但以特别残忍手段致人死亡的除外。死刑在适用程序上非常严格：除由最高人民法院判决的以外，都应当报请最高人民法院核准。判处死刑缓期执行的，在死刑缓期执行期间，如果没有故意犯罪，2年期满以后，减为无期徒刑；如果确有重大立功表现，2年期满以后，减为25年有期徒刑；如果故意犯罪且情节恶劣的，报请最高人民法院核准后执行死刑。死刑缓期执行判决以前的羁押时间，不计算在死刑缓期执行的2年期限内。死刑缓期执行减为有期徒刑的刑期，从死刑缓期执行期满之日起计算。

对被判处死刑缓期执行的累犯以及因故意杀人、强奸、抢劫、绑架、放火、爆炸、投放危险物质或者有组织的暴力性犯罪被判处死刑缓期执行的犯罪分子，法院根据犯罪情节等情况可以同时决定对其限制减刑。

2015年《刑法修正案（九）》增加规定，对犯贪污、受贿罪，被判处死刑缓期执行的，法院根据犯罪情节等情况可以同时决定在其死刑缓期执行2年期满依法减为无期徒刑后，终身监禁，不得减刑、假释。

（六）罚金

罚金是法院判处犯罪分子向国家缴纳一定数额金钱的刑罚方法，属于财产刑。罚金是一种刑罚，而行政罚款是一种行政处罚。罚金可以单独适用，也可以附加适用。判处刑罚，应根据违法犯罪所得的数额，造成的损失以及犯罪分子缴纳罚金的能力等犯罪情节决定罚金的数额。

（七）剥夺政治权利

剥夺政治权利是指剥夺犯罪分子参加国家管理与政治活动的权利，属于资格刑。剥夺政治权利的主要内容是剥夺选举权和被选举权，剥夺言论、出版、集会、结社、游行、示威自由的权利，剥夺担任国家机关职务的权利，剥夺担任国有公司、企事业单位及人民团体领导职务的权利。剥夺政治权利可以独立适用，也可以附加适用。

（八）没收财产

没收财产是指将犯罪分子个人所有财产的一部或全部强制无偿地收归国有的刑罚方法，也属于财产刑，主要适用于破坏市场经济秩序罪和侵犯财产罪。在判处没收财产时，不得没收属于犯罪分子家属所有或者应有的财产。没收犯罪分子全部财产的，还应当对犯罪分子及其扶养的家属成员保留必要的生活费用。

三、刑罚的裁量

刑罚的裁量也叫量刑，是法院根据犯罪事实、犯罪性质、犯罪情节和对社会的危害程度，确定对犯罪分子是否判处刑罚、判处何种刑罚的审判活动。量刑必须以犯罪事实为依据，以刑事法律为准绳，要考虑量刑的情节，还要考虑累犯、自首、立功、数罪并罚等问题。

（一）量刑的情节

量刑的情节分为法定情节和酌定情节。法定情节是指在刑法中明文规定的在量刑时必须考虑的情节。法定情节有从重、从轻、减轻和免除处罚四种情况，如已满14周岁不满18周岁的人犯罪，应当从轻或减轻处罚。酌定情节是法院根据立法精神从审判实践中总结出来的，在刑罚裁量过程中酌定适用的情节。刑事审判实践中常见的酌定情节有犯罪的动机、手段、时间地点、犯罪对象、损害后果、犯罪后的悔罪态度、犯罪分子一贯的表现等。

（二）累犯

累犯是指因犯罪而受到过一定的刑罚处罚，在刑罚处罚执行完毕或赦免后，在法定的期限内又犯一定之罪的犯罪分子。累犯分为一般累犯和特别累犯。一般累犯是指被判处有期徒刑以上的刑罚执行完毕或赦免后，在5年内再犯应当判处有期徒刑以上刑罚的犯罪分子。一般累犯的前罪和后罪都是故意犯罪。特别累犯是相对于一般累犯而言。我国刑法规定，对于因危害国家安全、恐怖活动、黑社会性质的组织犯罪而受到刑罚处罚的，刑罚执行完毕或赦免以后，在任何时候再犯危害国家安全、恐怖活动、黑社会性质的组织犯罪的犯罪分子，构成特别累犯。累犯比初犯有更深的主观恶性、更大的人身危险性和更大的社会危险性，所以刑法规定对于累犯应当从重处罚，同时，也不得假释或适用缓刑。

（三）自首与立功

自首是指犯罪分子犯罪以后自动投案并如实交代自己的犯罪，或被采取强制措施的犯罪嫌疑人、被告人和正在服刑的罪犯如实供述司法机关还未掌握的本人其他罪行的行为。自首分为一般自首和特殊自首两种。犯罪分子犯罪以后自动投案如实交代自己的犯罪的，是一般自首；被采取强制措施的犯罪嫌疑人、被告人和正在服刑的罪犯，如实供述司法机关还未掌握的本人其他罪行的行为，是特殊自首。对于自首的犯罪分子，可以从轻或者减轻处罚；犯罪较轻的，可以免除处罚。

立功是指犯罪分子揭发他人的犯罪行为查证属实，或提供重大线索从而得以侦破其他案件的行为。立功分为一般立功和重大立功。重大立功是指犯罪分子检举、揭发他人重大犯罪行为，经查证属实；或者提供侦破其他重大案件的重要线索，协助司法机关抓捕其他重大犯罪嫌疑人，应当认定有重大立功表现。

（四）数罪并罚

数罪并罚是对一人所犯数罪合并处罚。判决宣告以前一人犯数罪的，除判处死刑和无期徒刑的以外，应当在总和刑期以下、数刑中最高刑期以上，酌情决定执行的刑期，但是管制最高不能超过3年，拘役最高不能超过1年，有期徒刑的数罪并罚，根据总和刑期不满35年或在35年以上的，最高不能超过20年或25年。

四、刑罚的执行

刑罚的执行是指对法院确定的判决和对犯罪分子所宣告的刑罚付诸实施的司法活动。包括缓刑、减刑和假释，都是我国惩办与宽大的刑事政策的体现。

（一）缓刑

缓刑是指法院对于被判处拘役、3年以下有期徒刑的犯罪分子，根据其犯罪情节和悔罪表现，规定一定的考验期，暂缓其刑罚执行的一种刑罚执行方法。对于被判处拘役、3年以下有期徒刑的犯罪分子，同时符合下列条件的，可以宣告缓刑，对其中不满18周岁的人、怀孕的妇女和已满75周岁的人，应当宣告缓刑：①犯罪情节较轻；②有悔罪表现；③没有再犯罪的危险；④宣告缓刑对所居住社区没有重大不良影响。宣告缓刑，可以根据犯罪情况，同时禁止犯罪分子在缓刑考验期限内从事特定活动，进入特定区域、场所，接触特定的人。累犯和犯罪集团的首要分子，不适用缓刑。

（二）减刑

减刑是指对于被判处管制、拘役、有期徒刑、无期徒刑的犯罪分子，根据其在执行期间的悔改或立功表现，而适当减轻其原判刑罚的制度。

被判处管制、拘役、有期徒刑、无期徒刑的犯罪分子，在执行期间，如果认真遵守监规，接受教育改造，确有悔改表现的，或者有立功表现的，可以减刑。有下列重大立功表现之一的，应当减刑：①阻止他人重大犯罪活动的；②检举监狱内外重大犯罪活动，经查证属实的；③有发明创造或者重大技术革新的；④在日常生产、生活中舍己救人的；⑤在抗御自然灾害或者排除重大事故中，有突出表现的；⑥对国家和社会有其他重大贡献的。

对于犯罪分子的减刑，由监狱等执行机关向中级以上人民法院提出减刑意见书，法院应当组成合议庭进行审理。减刑以后实际执行的刑期不能少于下列期限：①判处管制、拘役、有期徒刑的不能少于原判刑期的1/2；②判处无期徒刑的不能少于13年；③法院依照刑法限制死缓变更的犯罪分子，缓期执行期满后依法减为无期徒刑的不能少于25年，缓期执行期满后依法减为25年有期徒刑的不能少于20年。

（三）假释

假释是指对于判处有期徒刑、无期徒刑的犯罪分子，在执行一定的刑期后，由于确有悔改表现，不致再危害社会，因而附条件地将其提前释放的一项刑罚制度。假释是对犯罪分子有条件的提前释放，放在社会上进行改造，同时又保留对其继续执行未执行的刑罚的可能性。

犯罪分子被判处有期徒刑并执行原判刑期1/2以上的，或被判处无期徒刑并实际执行13年以上，如果认真遵守监规、接受教育改造、确有悔改表现、没有再犯罪的危险的，可以假释。特殊情况经最高人民法院核准的，可以不受上述执行刑期的限制。对累犯以及因故意杀人、强奸、抢劫、绑架、放火、爆炸、投放危险物质或者有组织的暴力性犯罪被判处10年以上有期徒刑、无期徒刑的犯罪分子，不得假释。

刑法对假释的犯罪分子规定了一定的考验期限，有期徒刑的假释考验期限为没有执行完毕的刑期，无期徒刑的假释考验期限为十年，从假释之日起计算。被假释的犯罪分子，应当遵守与缓刑一样的规定。

五、刑罚的消灭

刑罚的消灭是指由于法定的事实或原因的出现，国家不再对犯罪分子追究刑事责任。刑罚消灭的事由主要有刑罚执行完毕、超过追诉时效、特赦、犯罪嫌疑人或被告人死亡等。这里只介绍追诉时效和特赦。

（一）追诉时效

追诉时效是指经过一定的期限，对刑事犯罪不得再追诉的法律制度。社会危害性大、法定刑重的犯罪，追诉时效期限就长，反之追诉时效就短。我国刑法规定，①法定最高刑为不满5年有期徒刑的，经过5年；②法定最高刑为5年以上不满10年有期徒刑的，经过10年；③法定最高刑为10年以上有期徒刑的，经过15年；④法定最高刑为无期徒刑、死刑的，经过20年。如果20年以后认为必须追诉的，须报请最高人民检察院核准。

追诉时效可以延长。在公检法机关立案侦查或受理案件以后，逃避侦查或审判的；被害人在追诉期限内提出控告，公检法机关应当立案而不予立案的，不受追诉期限的限制。

（二）特赦

宪法规定，国家主席有权根据全国人民代表大会和全国人民代表大会常务委员会的决定，发布特赦令。中华人民共和国成立以后实行了九次特赦。2019年6月29日，在中华人民共和国成立七十周年前夕，十三届全国人民代表大会常务委员会第十一次会议作出特赦决定，国家主席习近平签署发布特赦令，对九类服刑罪犯实行特赦。

第四节 犯罪种类

我国刑法中的犯罪种类是在刑法分则中加以规定的。刑法分则主要根据犯罪行为所侵犯的同类客体，也考虑犯罪的主体特点，将全部犯罪分为十大类。

一、危害国家安全罪

危害国家安全罪是指故意危害国家主权、分裂国家、破坏领土完整和安全、颠覆国家政权，或其他国家根本利益，危害国家安全的行为。《刑法》第 102 条至第 113 条规定了 3 类 12 个罪名，包括背叛国家罪、分裂国家罪等危害国家政权分裂国家的犯罪，投敌叛变罪、叛逃罪等叛变、叛逃的犯罪，间谍罪、资敌罪等间谍、资敌的犯罪。

二、危害公共安全罪

危害公共安全罪是指故意或过失地实施危害不特定多数人的生命、健康或重大财产安全的行为。《刑法》第 114 条至第 139 条规定了 52 个罪名，分别是放火罪、决水罪、爆炸罪、投放危险物质罪等以危险方法危害公共安全的犯罪，破坏交通工具罪、破坏电力设备罪等破坏交通工具或设备的犯罪，恐怖组织的犯罪，枪支、弹药、爆炸物的犯罪，重大责任事故的犯罪。

司法实践中较为多发，常见的重点罪名主要是放火罪，决水罪，爆炸罪，投放危险物质罪，以危险方法危害公共安全罪、交通肇事罪、危险驾驶罪等。

三、破坏社会主义市场经济秩序罪

破坏社会主义市场经济秩序罪是指违反国家经济管理法律法规，破坏社会主义市场经济秩序，情节严重的行为。该类罪是市场经济社会刑法打击的重点。全部刑法分则 349 个条文、469 个罪名中，该类罪占了92个条文、108个罪名。这一章罪名包括8类：第一节生产、销售伪劣商品罪共9个罪名；第二节走私罪共10个罪名；第三节妨害对公司、企业的管理秩序罪共17个罪名；第四节破坏金融管理秩序罪共30个罪名；第五节金融诈骗罪共8个罪名；第六节危害税收征管罪共14个罪名；第七节侵犯知识产权罪共7个罪名；第八节扰乱市场秩序罪共13个罪名。

司法实践中较为多发、常见的重点罪名主要是生产销售伪劣产品罪、集资诈骗罪、信用卡诈骗罪、保险诈骗罪、虚开增值税专用发票罪等。

四、侵犯公民人身权利、民主权利罪

侵犯公民人身权利、民主权利罪是侵犯公民生命、健康、人格等人身权利和民主权利以及婚姻家庭关系的犯罪行为。该类罪与公民个人权利直接相关。《刑法》第232条至第262条规定了故意杀人罪、过失致人死亡罪、故意伤害罪、过失致人重伤罪、强奸罪、非法拘禁罪、绑架罪、拐卖妇女儿童罪等侵犯公民人身权利类犯罪和侵犯通信自由罪、破坏选举罪等侵犯公民人身权利类犯罪，一共42个罪名。

司法实践中较为多发、常见的重点罪名主要是故意杀人罪，故意伤害罪，强奸罪，非法拘禁罪，绑架罪，拐卖妇女、儿童罪等。

五、侵犯财产罪

侵犯财产罪是指非法占有、挪用或毁坏公私财物的犯罪行为。《刑法》第263条至第276条规定了13个罪名，包括占有型、挪用型、毁坏型三类，分别是抢劫罪、盗窃罪、诈骗罪、抢夺罪、聚众哄抢罪、侵占罪、职务侵占罪、挪用资金罪、挪用特定款物罪、敲诈勒索罪、故意毁坏财物罪、破坏生产经营罪、拒不支付劳动报酬罪。

司法实践中较为多发，常见的重点罪名主要是抢劫罪、盗窃罪、诈骗罪、抢夺罪、职务侵占罪等。

六、妨害社会管理秩序罪

妨害社会管理秩序罪是指妨害国家机关的管理活动，破坏社会秩序，情节严重的行为。该类罪也是国家为了维护正常的社会管理秩序而重点打击的。全部刑法分则349个条文、469个罪名中，该类罪占了91个条文、137个罪名。这一章罪名包括九类：第一节扰乱公共秩序罪共51个罪名；第二节妨害司法罪共20个罪名；第三节妨害国（边）境管理罪共8个罪名；第四节妨害文物管理罪共10个罪名；第五节危害公共卫生罪共11个罪名；第六节破坏环境资源保护罪共15个罪名；第七节走私、贩卖、运输、制造毒品罪共11个罪名；第八节组织、强迫、引诱、容留、介绍卖淫罪共6个罪名；第九节制作、贩卖、传播淫秽物品罪共5个罪名。

司法实践中较为多发，常见的重点罪名主要是妨害公务罪，组织、领导、参加黑社会性质组织罪，伪证罪，拒不执行判决、裁定罪，组织他人偷越国（边）境罪，污染环境罪，走私、贩卖、运输、制造毒品罪，非法持有毒品罪，组织卖淫罪等。

七、危害国防利益罪

危害国防利益罪是指违反国防法律法规，拒不履行国防义务，危害国防利益，应受刑罚处罚的行为。《刑法》第368条至第381条规定了23个罪名，包括平时和战时都可以构成的阻碍军人执行职务罪、阻碍军事行动罪、聚众冲击军事禁区罪、冒充军人招摇撞骗罪等16个罪名，只有战时才能构成的战时拒绝、逃避服役罪和战时造谣扰乱军心罪等7个罪名。

八、贪污贿赂罪

贪污贿赂罪是指国家工作人员利用职务上的便利，非法占有、使用公私财物，破坏国家工作人员职务廉洁性的行为。《刑法》第382条至第396条规定了14个罪名，分别是贪污罪、挪用公款罪、受贿罪、单位受贿罪、利用影响力受贿罪、行贿罪、对有影响力的人行贿罪、对单位行贿罪、介绍贿赂罪、单位行贿罪、巨额财产来源不明罪、隐瞒境外存款罪、私分国有资产罪、私分罚没财物罪。

司法实践中贪污贿赂类犯罪中常见的重点罪名是贪污罪、挪用公款罪、受贿罪、巨额财产来源不明罪等。

九、渎职罪

渎职罪是指国家机关工作人员利用职务上的便利或不尽职责侵害国家机关正常活动，致使公共财产、国家和人民利益遭受重大损失的行为。《刑法》第397条至第419条规定了37个罪名，包括滥用职权罪、玩忽职守罪、故意泄露国家秘密罪、过失泄露国家秘密罪等一般国家机关工作人员的渎职罪，徇私枉法罪、执行判决裁定失职罪、滥用管理公司证券职权罪、违法提供出口退税证罪等特定国家机关工作人员的渎职罪，不解救被拐卖绑架妇女儿童罪、帮助犯罪分子逃避处罚罪等负有特定职责或权限的国家机关工作人员的渎职罪三类。

司法实践中较为多发，常见的重点罪名主要是滥用职权罪、玩忽职守罪、徇私枉法罪等。

十、军人违反职责罪

军人违反职责罪是指现役军人违反职责，危害国家军事利益，依法应受刑罚处罚的行为。《刑法》第397条至第419条规定了37个罪名，主要包括投降罪、军人叛逃罪等危害国防安全的犯罪，战时违抗命令罪、虐待俘虏罪等妨害作战秩序的犯罪，非法获取军事秘密罪等危害军事秘密安全的犯罪，武器装备肇事罪等危害部队战斗力物质基础的犯罪，阻碍执行军事职务罪、逃离部队罪等妨害部队管理秩序的犯罪。

【推荐读物】

1. 刑法的格致. 陈兴良. 法律出版社2008年版。
2. 刑法的私塾. 张明楷. 北京大学出版社2014年版。

3. 刑法注释书．何帆．中国民主法制出版社2019年版。
4. 刑法学习定律．周光权．北京大学出版社2019年版。
5. 走向哲学的刑法学．陈兴良．北京大学出版社2018年版。
6. 刑法的逻辑与经验．曲新久．北京大学出版社2008年版。
7. 中国古代刑与法．崔敏．中国人民公安大学出版社2008年版。
8. 刑法公开课（第1卷）．周光权．北京大学出版社2019年版。
9. 刑法的启蒙．陈兴良．北京大学出版社2018年版。
10. 刑法格言的展开．张明楷．北京大学出版社2013年版。

第三编

程序法与纠纷解决

导　语

　　没有权利就不存在救济，合法权利是救济得以存续的依据。英国法谚有云：没有救济就没有权利。一种无法诉诸法律保护的权利，也不是真正意义上的权利。权利之间可能存在冲突，义务可能不被履行、权利可能无法得到实现。因此，法律不仅应宣示权利，还应同时配置救济的各种程序。我国民法、行政法、刑法这三大实体法规定的权利义务，分别对应了民事诉讼法、行政诉讼法、刑事诉讼法3部程序法予以实现。人民法院同样设置了民事、行政、刑事3种审判庭，分别适用3部诉讼法，对当事人之间的权利义务纠纷予以裁判。

　　民事诉讼法是人民法院解决平等主体的当事人之间的关于财产和人身等民事权利义务所适用的法律规范。行政诉讼法是人民法院解决行政机关等行政主体与行政相对人之间关于许可、处罚、强制等行政行为产生争议所适用的法律规范。刑事诉讼法是指公检法等国家专门机关行使侦查权、起诉权、审判权，犯罪嫌疑人和被告人及其辩护人行使辩护权，在揭露、证实和惩罚犯罪的诉讼活动所适用的法律规范。除了诉讼这种公力救济外，还有仲裁、调解等公力救济以及和解等私力救济。和解、调解和仲裁构成了非诉讼纠纷解决机制。

　　本编包括第六章诉讼法与诉讼证据、第七章非诉讼纠纷解决。诉讼法与诉讼证据主要介绍民事、行政、刑事3种诉讼程序的运行。非诉讼纠纷解决方式主要介绍调解、仲裁，特别介绍了我国企业与职工之间纠纷解决的劳动争议仲裁与农村土地承包经营纠纷的解决。

第六章 诉讼法与诉讼证据

▎本章重要概念和术语▎

民事诉讼 民事诉讼法 级别管辖 地域管辖 民事诉讼当事人 原告 被告 小额诉讼 公益诉讼 简易程序 行政诉讼 行政诉讼法 跨行政区域管辖 行政相对人 行政判决 刑事诉讼 刑事诉讼法 刑事辩护 认罪认罚从宽 立案管辖 取保候审 监视居住 逮捕 刑事拘留 审查起诉 提起公诉 不起诉 速裁程序 死刑复核 诉讼证据 证据法规 证据种类 书证 物证 证人证言 口供 证据分类 直接证据 原始证据 证明责任 证明标准

第一节 民事诉讼法

一、民事诉讼概述

（一）民事诉讼与民事诉讼法

民事诉讼是指法院在当事人和其他诉讼参与人的参加下，按照法律规定审理民事案件的过程中，所进行的各种诉讼活动，以及在诉讼活动所产生的各种诉讼法律关系的总和。民事诉讼活动既包括法院对案件的立案受理、审理判决等的审判活动，也包括诉讼参与人的原告起诉，被告应诉、答辩等诉讼活动。

民事诉讼法是指国家制定的规范法院与民事诉讼参与人的诉讼活动，调整他们之间法律关系的原则、制度和程序等法律规范的总和。

民事诉讼法是解决平等主体之间民事纠纷的重要法律依据。中华人民共和国第一部民事诉讼法是1982年制定并于10月1日起试行的《中华人民共和国民事诉讼法（试行）》。1991年4月9日制定了我国第二部民事诉讼法，2007年10月28日第一次修正，2012年8月31日第二次修正，主要是完善了调解与诉讼相衔接的机制、当事人举证制度、简易程序、审判监督程序与执行程序，进一步强化法律监督、保障当事人的诉讼权利，首次设立小额诉讼制度并实行一审终审，增加规定针对环境污染和食品安全事故的公益诉讼制度。2017年6月27日第十二届全国人民代表大会常务委员会第二十八次会议通过对第55条最新的修正条款，主要是对民事公益诉讼的规定。

2000年7月1日起施行的《海事诉讼特别程序法》是为海事法院等法院审理海事案件而制定的用于海事诉讼的民事诉讼特别程序法。2007年6月1日起施行的《企业破产法》是为规范法院审理企业破产案件适用的程序，以保障公平清理债权债务，保护债权人和债务人的合法权益。此外，最高人民法院对民事诉讼也做了数量不少的司法解释，其中最为重要的是2014年12月18日最高人民法院审判委员会第1636次会议通过，自2015年2月4日起施行的《最高人民法院关于适用〈中华人民共和国民事诉讼法〉的解释》（法释〔2015〕5号），这个司法解释多达525条，而民事诉讼法才284条。我们在学习时也不要忘了认真对待这一部对民事诉讼作出了大量规定的司法解释。

（二）民事诉讼法的基本原则

民事诉讼法的基本原则是指在民事诉讼的过程中起指导作用的准则，是法院、诉讼参与人进行民事诉讼活动所必须遵循的准则。包括以下基本原则。

1. 当事人诉讼地位平等原则

是指民事诉讼中双方当事人不分身份、诉讼中的地位、实体上有无过失，诉讼权利与义务完全平等，原告和被告享有同等的诉讼权利和承担对等的诉讼义务，法院必须切实保障当事人平等的诉讼地位。

2. 调解原则

法院审理民事案件，对于能够调解的案件，应根据自愿与合法的原则进行调解，对于不愿调解或调解不成的，应及时作出判决。离婚案件则是必须依法先进行调解的。

3. 辩论原则

是指当事人在法院主持下就案件的事实和适用的法律等有争议的问题，各自陈述主张和根据，互相进行辩驳，帮助法院查明事实，分清是非，正确适用法律，及时解决纠纷。

4. 人民检察院对民事审判活动实行法律监督原则

人民检察院对法院的民事审判活动的过程和审判结果等都可以检察建议和抗诉方式进行法律监督。

二、民事诉讼管辖

民事诉讼中的管辖，是指在法院系统内部，确定上下级法院之间以及同级法院之间受理第一审民事案件的分工和权限。法院依法对某一民事案件进行审判的权限就是民事审判权。确定管辖既要本着便于当事人进行诉讼，便于法院审判案件的因素，又要考虑各级各类法院的职能和工作负担的平衡与案件的公正审理等。根据管辖是由法律直接规定还是由法院通过裁定加以确定为标准，管辖可分为法定管辖和裁定管辖。法定管辖又分为级别管辖和地域管辖。

（一）级别管辖

级别管辖是指上下级法院之间受理第一审民事案件的分工和权限。我国各级法院都有一审案件的管辖权，但由于各级法院的具体职能不同，受理一审案件的权限范围也不相同。确定级别管辖的标准主要来源于案件的性质、繁简程度和案件影响的范围，性质越特殊，越复杂，影响越大的案件，就应由较高级别的法院管辖，反之则由低级别的法院管辖。

1. 基层人民法院管辖

除民事诉讼法和最高人民法院明确规定由中级人民法院、高级人民法院和最高人民法院管辖的第一审民事案件之外，绝大多数第一审民事案件均由基层人民法院管辖。

2. 中级人民法院管辖

中级人民法院管辖以下一审案件：①重大的涉外案件，是指争议标的额大，或者案情复杂，或者居住在国外的当事人人数众多的涉外案件；②在本辖区有重大影响的案件，是指案件复杂、涉及面广，诉讼标的额较大或案件的影响较大；③最高人民法院确定由中级人民法院管辖的知识产权、海事商事、涉港澳台纠纷案件及诉讼标的额大的案件。

3. 高级人民法院管辖

高级人民法院管辖在本辖区内有重大影响的第一审民事案件。高级人民法院的职能主要是对基层人民法院和中级人民法院等下级法院的监督与业务指导，自己审理的第一审案件并不太多。最高人民法院2019年4月30日发布《关于调整高级和中级人民法院管辖第一审民事案件标准的通知》（法发〔2019〕14号），规定中级人民法院管辖一审民事案件的诉讼标的额上限原则上为50亿元，即高级人民法院管辖诉讼标的额50亿元以上的案件，这是一个重大调整。

4. 最高人民法院管辖的第一审民事案件

最高人民法院的职能是对地方各级人民法院的审判与执行工作进行监督与业务指导，对法律的适用出台具体的司法解释，所以最高人民法院只管辖在全国有重大影响的和认为应当由自己审理的案件。近年的司法实践表明，最高人民法院较少管辖一审民事案件。

（二）地域管辖

地域管辖是指确定同级法院之间在各自的辖区内受理第一审民事案件的分工和权限。它要解决的是案件具体由同级法院中的哪个法院管辖的问题。地域管辖又分为一般地域管辖、特殊地域管辖、协议管辖、专属管辖。

1. 一般地域管辖

一般地域管辖是指按照当事人的住所与其所在法院的隶属关系确定的管辖。本着原告就被告原则，原告起诉被告由被告住所地或经常居住地人民法院管辖。对不在我国领域内居住或下落不明或宣告失踪的人提起的身份诉讼，对被监禁或采取强制性教育措施的人的起诉，则适用被告就原告原则。

2. 特殊地域管辖

特殊地域管辖，是指以诉讼标的所在地、法律事实所在地为标准所确定的管辖。某些案件不适合一般地域管辖确定案件的管辖法院，民事诉讼法规定了合同、保险、票据、海商海事、道路运输、侵权等10类纠纷案件适用特殊地域管辖。

3. 协议管辖

协议管辖是指当事人双方在纠纷发生前后依法通过书面形式自行约定管辖法院。合同当事人可以在书面合同中协议选择被告住所地、合同履行地、合同签订地、原告住所地、标的物所在地等与争议有实际联系的地点的法院管辖第一审案件，但不得违反级别管辖和专属管辖的规定。

4. 专属管辖

专属管辖是指法律强制规定某些案件专属特定法院管辖，其他法院无管辖权，当事人也不得协议变更管辖。因不动产纠纷提起的诉讼，由不动产所在地人民法院管辖；因港口作业发生的纠纷提起的诉讼，由港口所在地人民法院管辖；因继承遗产纠纷提起的诉讼，由被继承人死亡时住所地或主要遗产所在地人民法院管辖。

此外，涉及管辖权异议的案件，由上级人民法院裁定管辖。

三、民事诉讼当事人

民事诉讼当事人，是指因自己的民事权益或依法受自己保护的民事权益受到侵犯或发生争议，以自己的名义进行诉讼，并依法受人民法院裁判约束的利害关系人。当事人包括原告、被告、第三人、共同诉讼人、诉讼代表人等。

（一）原告、被告与第三人

原告是指为了保护自己或依法受自己管理和支配的民事权益，以自己的名义向法院提起诉讼，从而引起民事诉讼程序发生的人。被告是指被起诉指控侵犯原告民事权益或与原告发生民事权益纠纷，被法院传唤应诉的人。

第三人是指对他人之间的诉讼标的有独立的请求权，或虽无独立的请求权，但案件的处理结果与其有法律上的利害关系，因而参加到他人之间已经开始的民事诉讼中去，以维护自己合法权益的人。

（二）共同诉讼人与诉讼代表人

共同诉讼是指当事人一方或双方为两人或两人以上，其诉讼标的是共同的，或者诉讼标的是同一种类，经过法院认可和当事人同意合并审理的诉讼。两人以上原告成为共同原告，两人以上被告成为共同被告，共同原告和共同被告统称为共同诉讼人。

诉讼代表人是指在具有共同或同种法律利益的一方当事人人数较多，且不能进行共同诉讼时，由其选定代表人代表众多当事人进行诉讼的人。当事人一方人数在10人以上的，诉讼标的相同或属于同一种类，诉讼请求或抗辩方法相同的情况下，推选或商定代表人进行诉讼，协商不成的情况下由法院指定。

四、民事诉讼审判

（一）审判组织

法院审理第一审民事案件，由审判员、陪审员共同组成合议庭或者由审判员组成合议庭。用简易程序审理的民事案件，则由审判员一人独任审理。法院审理第二审民事案件，由审判员组成合议庭。合议庭的成员人数必须是单数。人民陪审员在执行陪审职务时，与审判员有同等的权利义务。合议庭的审判长由院长或者庭长指定审判员一人担任，院长或者庭长自己参加审判的，就由院长或者庭长担任审判长。合议庭评议案件，实行少数服从多数的原则。评议应当制作笔录，由合议庭成员签名。评议中的不同意见，必须如实记入笔录。审判人员应当依法秉公办案，不得接受当事人及其诉讼代理人的请客送礼。审判人员如果有贪污受贿、徇私舞弊、枉法裁判等行为的，应当追究其法律责任；构成犯罪的，将会被司法机关依法追究刑事责任。

（二）一审程序

我国民事诉讼第一审程序包括普通程序和简易程序。普通程序是一个广泛适用且完整的程序，包含起诉与立案受理、审理与判决等步骤。

1. 起诉

起诉是指公民、法人和其他组织，认为自己所享有的民事权益受到侵害或与他人发生争议，以自己为原告的名义请求法院通过审判给予保护的诉讼行为。起诉必须符合四个条件：一是原告是与本案有直接利害关系的公民、法人或其他组织；二是有明确的被告，原告提供被告的姓名或者名称、住所等信息具体明确，足以使被告与他人相区别的，就可以认定为有明确的被告；三是有具体的诉讼请求和事实、理由；四是案件属于人民法院受理的范围和受诉人民法院管辖。原告起诉应当向法院递交民事起诉状，并按照被告人数提出副本，书写起诉状确有困难的，也可以口头起诉，由法院记入笔录并告知对方当事人。

2. 受理与立案

法院接到当事人提交的民事起诉状时，对符合起诉条件的，应当登记立案；对当场不能判定是否符合起诉条件的，应当接收起诉材料，并出具注明收到日期的书面凭证。需要补充必要相关材料的，法院应当及时告知当事人。在补齐相关材料后，应当在7日内决定是否立案。法院立案后发现不符合起诉条件等情形的，就裁定驳回起诉。

3. 庭前准备

法院在立案之日起5日内将起诉状副本送达被告，并告知双方当事人有关的诉讼权利和义务。被告在收到之日起15日内提出答辩。答辩状应当记明被告的身份、名称、单位、住所等信息。法院应当在收到答辩状之日起5日内将答辩状副本发送原告。被告如果不提出答辩状的，不影响法院审理。可以在答辩期届满后，法院可以通过组织证据交换、召集庭前会议等方式，作好审理前的准备。

4. 开庭审理

又称法庭审理，是指在审判人员的主持下，在当事人及其他诉讼参加人的参加下，法院依照法定的形式和程序，在法庭上对民事案件进行实体审理的诉讼活动。法院审理民事案件，根据需要进行巡回审理，就地办案。除涉及国家秘密、个人隐私外，应当公开进行。离婚案件、商业秘密案件，当事人申请不公开审理的，也可以不公开审理。开庭审理包括几个阶段：开庭准备、进行法庭调查、法庭辩论、最后陈述、判决前的调解、评议和宣判。普通程序审理期限是6个月，有特殊情况经本院院长批准可以延长6个月，还需要延长的要报请上级人民法院批准。

（三）特殊的一审程序

1. 简易程序

是指基层人民法院及其派出法庭审理事实清楚、权利义务关系明确、争议不大的简单民事案件所适用的程序。不属于这类简单案件的当事人双方也可以约定适用简易程序。

简单的民事案件，原告可以口头起诉，由审判员一人独任审理。当事人双方可以同时到基层人民法院或者它的派出法庭，请求解决纠纷。基层人民法院或派出法庭也可以当即审理。

2. 小额诉讼

适用简易程序审理的简单民事案件，如果标的额为各省已公布的上年度就业人员年平均工资30%以下的，为小额诉讼。海事法院也可以审理海事、海商小额诉讼案件。买卖、借款、租赁等合同纠纷，银行卡纠纷、物业电信等服务合同纠纷，以及仅在给付的数额、时间、方式上存在争议但身份关系清楚的赡养费、抚育费、扶养费纠纷，责任明确的交通事故和其他人身损害赔偿纠纷，劳动关系清楚的劳动合同和劳务合同纠纷等金钱给付案件都适用小额诉讼程序审理。小额诉讼实行一审终审且不得上诉。

3. 公益诉讼

环境保护法、消费者权益保护法等法律规定的机关和有关组织对污染环境、侵害众多消费者合法权益等损害社会公共利益的行为，可以依法向人民法院提起公益诉讼。公益诉讼起诉要有明确的被告、具体的诉讼请求以及属于法院受案范围和受诉法院管辖外，还要有社会公共利益受到损害的初步证据。公益诉讼案件由侵权行为地或被告住所地中级人民法院管辖，因污染海洋环境提起的公益诉讼，由污染发生地、损害结果地或者采取预防污染措施地海事法院管辖。

此外，民事诉讼法还规定了第三人撤销之诉和执行异议之诉。

（四）二审程序

又称上诉审程序，是指第一审当事人不服地方各级人民法院的裁判而依法向上一级人民法院提起上诉，要求撤销或变更原裁判，上一级人民法院据此对案件进行审判所适用的程序。

1. 上诉

是指第一审当事人不服地方各级人民法院尚未生效的裁判，依法请求上一级人民法院予以审理，请求撤销或变更该裁判的诉讼行为。上诉人必须是第一审程序中的原告、被告、诉讼代表人、有独立请求权的第三人和判决其承担民事责任的无独立请求权的第三人。上诉必须在法定的上诉期限内（判决为15日、裁定为10日）提交书面的上诉状。

2. 上诉的审理

二审人民法院审理上诉案件，可以在本院进行，也可以到案件发生地或原审人民法院所在地进行。二审人民法院应当对上诉请求的有关事实和适用法律进行审查，应当组成合议庭，开庭审理。经过阅卷、调查和询问当事人，对没有提出新的事实、证据或者理由，合议庭认为不需要开庭审理的，可以不开庭审理。对于不服不予受理、管辖权异议和驳回起诉裁定的，当事人上诉请求明显不能成立的，原裁判认定事实清楚、但适用法律错误的，原判决严重违反法定程序，需要发回重审的，二审人民法院也可以不开庭审理。审理不服判决、裁定的上诉案件应当分别在立案之日起3个月、30日内审结。

3. 二审裁判

二审人民法院对上诉案件经过审理后，按照下列情形分别处理。

原裁判认定事实清楚，适用法律正确的，以判决、裁定方式驳回上诉，维持原裁判；原裁判认定事实错误或适用法律错误的，以判决、裁定方式依法改判、撤销或者变更；原判决认定基本事实不清的，裁定撤销原判决，发回原审人民法院重审，或查清事实后改判；原判决遗漏当事人或违法缺席判决等严重违反法定程序的，裁定撤销原判决，发回原审人民法院重审。原审人民法院对发回重审的案件作出判决后，当事人提起上诉的，二审人民法院不得再次发回重审。

二审人民法院对不服一审人民法院裁定的上诉案件，一律使用裁定。二审裁判是终审裁判，一经送达即发生法律效力，将进入执行程序，当事人不得再行上诉，但可以申请再审。

（五）审判监督程序

又称再审程序，是指对人民法院已经生效的裁判、调解书，发现确有错误，依照法定程序予以纠正的审判程序。引起审判监督程序有三种方式。

1. 法院依职权提起

各级人民法院院长对本院已生效裁判、调解书，发现确有错误，认为需要再审的，应当提交审判委员会讨论决定；最高人民法院对地方各级人民法院已生效裁判、调解书，上级人民法院对下级人民法院已生效裁判、调解书，发现确有错误的，有权提审或指令下级人民法院再审。

2. 当事人申请

当事人对认为确有错误的已生效裁判，可以向上一级人民法院申请再审；当事人对已生效的调解书，提出证据证明调解违反自愿原则或者调解协议的内容违反法律的，可以申请再审。当事人申请再审，应当在判决、裁定或调解书生效后6个月内提出，符合《民事诉讼法》第200条规定的13类情形之一的，人民法院应当再审。

3. 检察院抗诉

最高人民检察院对各级人民法院，上级人民检察院对下级人民法院已经生效的裁判发现事实、证据方面有问题、程序有违法情形的或发现调解书损害国家利益、社会公共利益的，应当依照审判监督程序提出抗诉。

法院审理再审案件应当另行组成合议庭。原生效裁判是一审生效裁判，按一审程序进行审理。原生效裁判是二审生效裁判或提审的，按二审程序进行审理。

五、特殊程序与民事执行

（一）民事诉讼特殊程序

1. 特别程序

特别程序是法院审理某些非民事权益争议案件所适用的程序。特别程序仅适用于选民资格、宣告失踪或者宣告死亡、认定公民无民事行为能力或者限制民事行为能力、认定财产无主、确认调解协议和实现担保物权等六类案件。

2. 督促程序

督促程序，是指有管辖权的基层人民法院根据债权人要求债务人给付金钱和有价证券的申请，以支付令的形式，限令债务人在特定期限内履行义务的特殊程序，因此也叫支付令程序。基层人民法院受理申请支付令案件，不受债权金额的限制。

3. 公示催告程序

公示催告程序又称除权程序，是指按照规定可以背书转让的票据持有人，因票据被盗、遗失或者灭失，可以向票据支付地的基层人民法院申请公示催告适用的程序。

（二）民事执行程序

1. 民事执行的一般规定

民事执行程序是指法院等有关国家机关与执行局工作人员依据法律法规将具有执行力的民事裁判、调解书等法律文书在社会生活中予以实现的活动。它是审判程序完成后的一个独立的程序，是审判程序的继续。民事法律文书生效后，当事人如果自动履行，就不存在强制执行的问题。如果当事人拒绝履行，就需要法院的强制执行。执行要遵循以生效法律文书为依据、强制执行与说服教育相结合、执行标的有限、全面保护双方当事人合法权益、法院执行与协助执行相结合等原则。同时，人民检察院有权对民事执行活动实行法律监督。

执行程序的发生一般依当事人的申请开始，申请执行的期限为两年。发生法律效力的民事判决、裁定，以及刑事判决、裁定中的财产部分，一般由一审人民法院或与一审人民法院同级的被执行的财产所在地人民法院执行。法院内设的执行机构为执行局，具体执行工作由执行员进行。执行员对被执行人采取强制执行措施时，应当出示证件。执行完毕后，应当将执行情况制作笔录，由在场的有关人员签名或者盖章。

在案件执行过程中，案外人对执行标的提出书面异议的，案外人、当事人对执行异议裁定不服的，可以自执行异议裁定送达之日起15日内向执行法院提起执行异议之诉。

2. 执行措施

执行措施是指法院依法强制被执行人履行生效法律文书确定的义的方法和手段。被执行人未按执行通知履行法律文书确定的义务，应当报告当前以及收到执行通知之日前一年的财产情况。被执行人拒绝报告或者虚假报告的，法院可以根据情节轻重予以罚款、拘留。被执行人未按执行通知履行法律文书确定的义务，法院有权裁定采取下列措施：①向有关单位查询并扣押、冻结、划拨、变价被执行人的存款、债券、股票等财产；②扣留、提取被执行人应当履行义务部分的收入；③被执行人不履行法律文书确定的义务并隐匿财产的，对被执行人及其住所或者财产隐匿地进行搜查；④强制迁出房屋或退出土地；⑤被执行人未按法律文书指定的期间履行给付金钱义务或其他义务的，应当加倍支付迟延履行期间的债务利息或迟延履行金；⑥法院可以对其采取或通知有关单位协助采取限制出境，在征信系统记录其不诚信的情况、通过媒体公布不履行义务信息以及采取法律规定的其他措施。

3. 执行中止和终结

执行中止是指在执行过程中由于某些特殊情形而导致执行程序暂时停止，待情形消失后再恢复执行。中止的情形消失后，恢复执行。

执行终结是指在执行过程中由于某些特殊情形而导致执行程序必须结束。中止和终结执行的裁定，送达当事人后立即生效。

第二节 行政诉讼法

一、行政诉讼概述

（一）行政诉讼与行政诉讼法

行政诉讼是指公民、法人或者其他组织认为行政机关和法律法规规章授权的组织及其工作人员作出的行政行为侵犯其合法权益，依法定程序向法院起诉，法院在诉讼参加人的参加下，对行政行为进行审查并作出裁判的行为。行政诉讼俗称"民告官"，是法院通过审判的方式解决行政相对人与行政主体之间特定范围内行政争议的活动。

行政诉讼法是指国家制定的规范法院与诉讼参加人的诉讼活动，调整他们之间法律关系的原则、制度和程序等法律规范的总和。行政诉讼法是保证法院公正、及时审理行政案件，解决行政主体与行政相对人之间的行纠纷，保护公民、法人和其他组织的合法权益，监督行政机关依法行使职权的重要法律依据。《中华人民共和国行政诉讼法》于1990年10月1日起施行，时隔25年，2014年11月1日作了修正，主要修改如下：一是跨行政区域管辖行政案件；二是被诉行政机关负责人应当出庭应诉；三是立案门槛降低；四是涉赔偿、补偿、自由裁量的案件可调解。2017年6月27日第二次修正，对第25条增加了一款关于行政公益诉讼的规定。此外，最高人民法院对行政诉讼也做了许多司法解释，其中最为重要的是2017年11月13日最高人民法院审判委员会第1726次会议通过、自2018年2月8日起施行的《最高人民法院关于适用〈中华人民共和国行政诉讼法〉的解释》（法释〔2018〕1号），随着这个司法解释的发布，《最高人民法院关于执行〈中华人民共和国行政诉讼法〉若干问题的解释》（法释

〔2000〕8号）、《最高人民法院关于适用〈中华人民共和国行政诉讼法〉若干问题的解释》（法释〔2015〕9号）同时被废止。最高人民法院以前发布的司法解释与该解释不一致的，也不再适用。我们在学习时不要再引用旧的无效的司法解释。

（二）行政诉讼法的特有原则

行政诉讼法的特有原则是指法院、诉讼参加人进行行政诉讼活动所必须遵循的，在行政诉讼的过程中起指导作用的不同于民事诉讼的一些准则。行政诉讼法对行政诉讼程序的规定，并未像民事诉讼法一样面面俱到，而是侧重于不同民事诉讼程序的规则。因此，行政诉讼法虽是性质不同于民事诉讼法的法律制度，但法院在审理行政案件时，对行政诉讼法和有关司法解释没有规定的，可以适用民事诉讼法的相关规定。

1. 被告负责人必须出庭原则

"告官不见官"这一现象在以往较为常见，反映出一些官员对法治的漠视。新行政诉讼法规定被诉行政机关负责人应当出庭应诉。不能出庭的，应当委托行政机关相应的工作人员出庭。如果行政机关当"老赖"，拒不履行法院裁判，社会影响恶劣的，法院不仅可以对单位负责人予以罚款，还可以将其拘留。

2. 被告举证原则

行政诉讼中被告对作出的行政行为负有举证责任，应当提供作出该行政行为的证据和所依据的规范性文件。被告不提供或者无正当理由逾期提供证据，视为没有相应证据。只有在起诉被告不履行法定职责的案件中，由原告提供其向被告提出申请的证据。

3. 合法性审查原则

法院审理行政案件，对行政行为是否合法进行审查。行政相对人在对行政行为提起诉讼时一并请求对所依据的规范性文件审查的，由法院一并审查。经审查认为规范性文件不合法的，不作为认定行政行为合法的依据，并向制定机关提出处理建议。

4. 诉讼不停止行政行为的执行原则

行政诉讼期间不停止行政行为的执行。但被告认为需要停止执行的，原告或利害关系人申请停止执行而人民法院认为该行政行为的执行会造成难以弥补的损失并且停止执行不损害国家利益、社会公共利益的，人民法院认为该行政行为的执行会给国家利益、社会公共利益造成重大损害的，以及法律法规规定的其他情形，必须裁定停止执行。

5. 不适用调解原则

行政案件审理不适用调解。但行政赔偿、补偿以及行政机关行使自由裁量权的案件可以调解。

二、行政诉讼受案范围与管辖

（一）受案范围

受案范围是指法院受理并审理行政纠纷的范围，我国行政诉讼法规定了13类案件属于行政诉讼的受案范围。

（1）行政处罚案件，即对行政拘留、暂扣或者吊销许可证和执照、责令停产停业、没收违法所得、没收非法财物、罚款、警告等行政处罚不服的。

（2）行政强制案件，即对限制人身自由或者对财产的查封、扣押、冻结等行政强制措施和行政强制执行不服的。

（3）行政许可案件，即申请行政许可，行政机关拒绝或者在法定期限内不予答复，或者对行政机关作出的有关行政许可的其他决定不服的。

（4）行政确权案件，即对行政机关作出的关于确认土地、矿藏、水流、森林、山岭、草原、荒地、滩涂、海域等自然资源的所有权或者使用权的决定不服的。

（5）行政征收征用案件，即对征收、征用决定及其补偿决定不服的。

（6）行政不作为案件，即申请行政机关履行保护人身权、财产权等合法权益的法定职责，行政机关拒绝履行或者不予答复的。

（7）行政侵权案件，即认为行政机关侵犯其经营自主权或者农村土地承包经营权、农村土地经营权的。

（8）行政垄断案件，即认为行政机关滥用行政权力排除或者限制竞争的。

（9）认为行政机关违法集资、摊派费用或者违法要求履行其他义务的。

（10）认为行政机关没有依法支付抚恤金、最低生活保障待遇或者社会保险待遇的。

（11）认为行政机关不依法履行、未按照约定履行或者违法变更、解除政府特许经营协议、土地房屋征收补偿协议等协议的。

（12）认为行政机关侵犯其他人身权、财产权等合法权益的。

（13）法律、法规规定可以提起诉讼的其他行政案件。

国防、外交等国家行为，抽象行政行为，行政机关对其工作人员的奖惩、任免等决定，法律规定由行政机关最终裁决的行政行为等都不属于法院行政诉讼的受案范围。

（二）管辖

行政诉讼中的管辖是指在法院系统内部，确定上下级法院之间以及同级法院之间受理第一审行政案件的分工和权限。

1. 级别管辖

级别管辖是指上下级法院之间如何分工受理第一审行政案件。民事诉讼确定级别管辖的标准主要是案件性质复杂程度与影响力大小，特别是标的额大小。行政诉讼也是按照案件是否本辖区内重大、复杂的标准确定级别管辖的。

基层人民法院管辖第一审行政案件。中级人民法院除管辖社会影响重大的共同诉讼案件，涉外或者涉港澳台案件等重大、复杂案件，还包括海关处理的案件，对国务院部门或县级以上地方政府所做的行政行为提起诉讼的案件，以及其他法律规定由中级人民法院管辖的案件。高级人民法院管辖本辖区内重大、复杂的第一审行政案件。最高人民法院管辖全国范围内重大、复杂的第一审行政案件。

2. 地域管辖

地域管辖是指确定同级法院之间在各自的辖区受理第一审行政案件的分工和权限。

（1）一般地域管辖。地域管辖是指按照当事人的住所与其所在法院的隶属关系确定的管辖。行政案件一般也是遵循"原告就被告"原则，由最初作出行政行为的行政机关所在地人民法院管辖。经复议的案件，也可以由复议机关所在地人民法院管辖。

（2）跨行政区域管辖。"民告官"难在哪儿？难在地方保护主义。跨行政区域管辖行政案件，有助于法院摆脱地方干预。新行政诉讼法规定，经最高人民法院批准，高级人民法院可以根据审判工作的实际情况，确定若干法院跨行政区域管辖的行政案件。行政诉讼法刚一修改，福建省高级人民法院就于2015年9月在全省范围内开展行政案件管辖改革：①在全省除龙岩以外八个设区市基层人民法院实行相对集中管辖；②在全省各中级人民法院实行市、县区二级政府作为被告的一审行政案件跨行政区划管辖。

此外，对限制人身自由的行政强制措施不服提起的诉讼，由被告所在地或原告所在地人民法院管辖；因行政行为导致不动产物权变动而提起的行政诉讼，由不动产所在地人民法院管辖。

三、行政诉讼参加人

行政诉讼中的当事人，是指因行政诉讼而参与到法院审判活动中并依法受人民法院裁判约束的原告、被告及第三人、代理人。包括作为行政相对人的原告、作为行政机关或法律法规授权组织的被告、共同诉讼人、诉讼代理人、第三人等。这里只介绍行政诉讼中的原告与被告，关于共同诉讼人、诉讼代表人、诉讼代理人、第三人等与民事诉讼相似的规定，建议参看本章第一节规定，本节不做重复。

（一）原告

有权作为原告提起诉讼的是行政行为的相对人以及其他与行政行

为有利害关系的公民、法人或者其他组织。有权提起诉讼的公民死亡，其近亲属可以提起诉讼。有权提起诉讼的法人或者其他组织终止，承受其权利的法人或者其他组织可以提起诉讼。生态环境和资源保护、食品药品安全、国有财产保护、国有土地使用权出让等领域负有监督管理职责的行政机关违法行使职权或不作为，致使国家利益或者社会公共利益受到侵害的，人民检察院在履行职责中发现后应当向行政机关提出检察建议，督促其依法履行职责。行政机关不依法履行职责的，人民检察院有权依法向法院起诉。

（二）被告

被告是因作出行政行为而被公民、法人或其他组织等行政相对人向法院起诉的行政机关。经复议的案件，复议机关决定维持原行政行为的，作出原行政行为的行政机关和复议机关是共同被告；复议机关改变原行政行为的，复议机关单独作为被告。复议机关在法定期限内未作出复议决定，行政相对人起诉原行政行为的，作出原行政行为的行政机关是被告；起诉复议机关不作为的，复议机关是被告。两个以上行政机关作出同一行政行为的，共同作出行政行为的行政机关是共同被告。行政机关委托的组织所做的行政行为，委托的行政机关是被告。行政机关被撤销或职权变更的，继续行使其职权的行政机关是被告。

四、行政诉讼审判

（一）起诉与受理

行政诉讼起诉是指公民、法人或其他组织认为行政组织侵犯其合法权益时，请求法院给予司法救济的诉讼行为。是作为行政相对人这一方依法享有的诉讼权利。起诉要符合条件：原告必须是认为具体行政行为侵犯其合法权益的公民、法人或其他组织；有明确的被告；有具体的诉讼请求和事实理由；属于人民法院的受案范围和管辖。

法院在接到起诉状时对符合起诉条件的，应当登记立案。对不能当场判定是否符合本法规定的起诉条件的，应当接收起诉状，出具注明收到日期的书面凭证,并在 7 日内决定是否立案。不符合起诉条件的,作出不予立案的裁定。裁定书应当载明不予立案的理由。原告对裁定不服的,可以提起上诉。

此外,行政相对人认为行政行为所依据的国务院部门和地方人民政府及其部门制定的规范性文件不合法,在对行政行为提起诉讼时,可以一并请求对该规范性文件进行审查。

(二) 审判组织与法律适用

法院设行政审判庭专门审理行政案件,由 3 人以上单数的审判员或由审判员与陪审员组成合议庭。简易案件可以由审判员 1 人独任审判。行政案件要公开审理,但涉及国家秘密、个人隐私和法律另有规定的除外。涉及商业秘密的案件,当事人申请不公开审理的,也可以不公开审理。审理行政案件以法律和行政法规、地方性法规为依据,还可以参照规章。地方性法规适用于本行政区域内发生的行政案件。审理民族自治地方的行政案件,可以该民族自治地方的自治条例和单行条例为依据。

(三) 一审程序

行政诉讼第一审程序包括普通程序和简易程序。可以适用简易程序审理的是事实清楚、权利义务关系明确且争议不大的三类案件:被诉行政行为是依法当场作出的;案件涉及款额 2000 元以下的;属于政府信息公开案件的。当事人各方同意适用简易程序的,可以适用简易程序。

普通程序包含起诉与立案受理、审理与判决等步骤,多数制度规定类似于民事诉讼,本节也不作重复的介绍,只介绍行政诉讼独特的部分内容。法院对起诉行政机关没有依法支付抚恤金、最低生活保障金和工伤、医疗社会保险金的案件,权利义务关系明确、不先予执行将严重影响原告生活的,可以根据原告的申请,裁定先予执行。被告无正当理由拒不到庭或未经法庭许可中途退庭的,除可以缺席判决外,还可以将被告拒不到庭或中途退庭的情况予以公告,并可以向监察机关或被告的上一级行政机关提出依法给予其主要负责人或直接责任人员处分的司法建议。这将有效震慑作为行政机关的被告。

（四）行政判决

法院审理行政案件的期限与民事诉讼一样。对被诉具体行政行为将作出以下几种不同的判决。

1. 驳回判决

行政行为证据确凿，适用法律、法规正确，符合法定程序的，或者原告申请被告履行法定职责或者给付义务理由不成立的，法院判决驳回原告的诉讼请求。

2. 撤销判决和重作判决

行政行为有下列情形之一：①主要证据不足的；②适用法律、法规错误的；③违反法定程序的；④超越职权的；⑤滥用职权的；⑥明显不当的，法院可以判决撤销或部分撤销，并可以判决被告重新作出行政行为。

3. 履行判决

法院经过审理查明被告不履行法定职责的，判决被告在一定期限内履行。

4. 给付判决

法院经过审理查明被告依法负有给付义务的，判决被告履行给付义务。

5. 确认违法判决

行政行为有下列情形之一的，法院判决确认违法，但不撤销行政行为：①行政行为依法应当撤销，但撤销会给国家利益、社会公共利益造成重大损害的；②行政行为程序轻微违法，但对原告权利不产生实际影响的。

行政行为有下列情形之一，不需要撤销或判决履行的，法院判决确认行政行为违法：①行政行为违法，但不具有可撤销内容的；②被告改变原违法行政行为，原告仍要求确认原行政行为违法的；③被告不履行或者拖延履行法定职责，判决履行没有意义的。

6. 确认无效判决

行政行为有实施主体不具有行政主体资格或没有依据等重大且明显违法情形，原告申请确认行政行为无效的，法院判决确认无效。

法院判决确认违法或者无效的，可以同时判决责令被告采取补救措施；给原告造成损失的，依法判决被告承担赔偿责任。

7. 变更判决

行政处罚明显不当，或其他行政行为涉及对款额的确定、认定确有错误的，法院可以判决变更，但不得加重原告的义务或减损原告的权益。利害关系人同为原告，且诉讼请求相反的除外。

8. 行政协议履行及补偿判决

被告不依法履行、未按照约定履行或违法变更、解除政府特许经营协议、土地房屋征收补偿协议等协议的，法院判决被告承担继续履行、采取补救措施或赔偿损失等责任。被告变更、解除协议合法，但未依法给予补偿的，法院判决给予补偿。

此外，复议机关与作出原行政行为的行政机关为共同被告的案件，法院应当对复议决定和原行政行为一并作出裁判。

(五) 二审程序

二审程序是指第一审当事人不服地方各级人民法院的一审行政判决、裁定而依法向上一级人民法院提起上诉，要求撤销或变更原判决或裁定，上一级人民法院据此对案件进行审判所适用的程序。当事人不服人民法院第一审判决的，有权在判决书送达之日起15日内向上一级人民法院提起上诉（裁定是10日）。逾期不上诉的，一审判决或裁定发生法律效力。法院对行政上诉案件是否决定开庭审理的审理方式与民事案件相同，但应当对原审法院的判决、裁定和被诉行政行为进行全面审查。法院审理上诉案件的期限也与民事诉讼一样。

对上诉案件经过审理后，二审法院按照下列情形分别处理：①原裁判认定事实清楚，适用法律、法规正确的，判决或裁定驳回上诉，维持原裁判；②原裁判认定事实错误或适用法律、法规错误的，依法改判、撤销或变更；③原判决认定基本事实不清、证据不足的，发回原审法院重审，或查清事实后改判；④原判决遗漏当事人或违法缺席判决等严重违反法定程序的，裁定撤销原判决，发回原审法院重审。

原审法院对发回重审的案件作出判决后，当事人提起上诉的，二审法院不得再次发回重审。法院审理上诉案件，需要改变原审判决的，应当同时对被诉行政行为作出判决。二审裁判是终审裁判，一经送达即发生法律效力，将进入执行程序，当事人不得再行上诉，但可以申请再审。

（六）审判监督程序

又称再审程序，是指对法院已经生效的行政裁判，发现确有错误，依照法定程序予以纠正的审判程序。引起审判监督程序的方式也是当事人申请、法院依职权再审、检察院抗诉三种。其中，法院依职权再审与检察院抗诉的规定与民事诉讼相似，仅当事人申请再审的事由与民事诉讼略有不同，主要是对不予立案或驳回起诉确有错误的，以及违反法律规定的诉讼程序且可能影响公正审判的。

（七）执行程序

行政执行程序是指法院等有关国家机关与执行局工作人员依据法律法规将具有执行力的行政裁判等法律文书在社会生活中予以实现的活动。当事人必须履行法院发生法律效力的行政判决、行政裁定、行政赔偿的判决和调解。行政相对人拒绝履行的，行政机关或第三人可以向一审法院申请强制执行，或者由行政机关依法强制执行。行政相对人对行政行为在法定期限内不提起诉讼又不履行的，行政机关可以申请人民法院强制执行，或者依法强制执行。

行政机关拒绝履行的，一审法院可以采取通知银行从该行政机关的账户内划拨，对该行政机关负责人罚款。向监察机关提出司法建议等执行措施。拒不履行裁判且社会影响恶劣的，可以对该行政机关直接负责的主管人员和其他直接责任人员予以拘留，情节严重构成犯罪的，依法追究其刑事责任。

第三节 刑事诉讼法

一、刑事诉讼概述

(一) 刑事诉讼与刑事诉讼法

刑事诉讼是指国家专门机关在诉讼参与人的参加下,按照法律规定程序,揭露、证实和惩罚犯罪并保证无罪的人不受追究的全部诉讼活动。在我国,刑事诉讼活动既包括公检法机关的立案侦查、审查起诉、审理判决与执行,也包括当事人与其他诉讼参与人的辩护与代理等诉讼活动。

刑事诉讼法是国家制定的规范国家专门机关与诉讼参与人进行的刑事诉讼活动,调整他们之间法律关系的原则、制度和程序等法律规范的总和。

刑事诉讼法的任务是为了保证刑法的正确实施,惩罚犯罪,保护人民。刑事诉讼法既是保证准确、及时地查明犯罪事实,正确应用法律,惩罚犯罪分子,保障国家安全和社会公共安全,维护社会主义社会秩序的刑事重典,又是保障无罪的人不受刑事追究,教育公民自觉遵守法律,积极同犯罪行为做斗争,保护公民的人身、财产、民主和其他权利的人权保障法。

《中华人民共和国的刑事诉讼法》于1979年7月1日颁布,1996年3月17日第一次修正。2012年3月14日第二次修正,涉及110条,主要内容如下:将"尊重和保障人权"写入刑事诉讼法;完善非法证据排除制度、证人出庭和逮捕、监视居住等强制措施的规定;完善了辩护人在刑事诉讼中的法律地位和作用的规定,扩大了法律援助的适用范围;调整简易程序适用范围、完善一审程序和附带民事诉讼程序;严格规范暂予监外执行的适用,强化检察院对减刑、假释、暂予监外执行的监督;增加特别程序编。

2018年10月26日第三次修正涉及26个条文，主要包括：调整检察职能，建构刑事缺席审判制度，规定认罪认罚从宽程序和速裁程序等。

此外，全国人民代表大会及其常务委员会有关刑事诉讼的决定或规定，最高人民法院和最高人民检察院发布的有关刑事诉讼的司法解释，也是刑事诉讼必须遵守的法律依据。

（二）刑事诉讼的特有原则

1. 侦查权、检察权、审判权专门行使原则

对刑事案件的侦查、拘留、执行逮捕、预审，由公安机关负责。检察、批准逮捕、检察机关直接受理的案件的侦查、提起公诉，由检察院负责。审判由法院负责。除法律特别规定外，其他任何机关、团体和个人都无权行使这些权力。

2. 独立行使司法权原则

司法权包括审判权、检察权，分别由法院、检察院依法独立行使，不受行政机关、社会团体和个人的干涉。

3. 公检法分工负责、互相配合、互相制约原则。

法院、检察院和公安机关进行刑事诉讼，应当分工负责，互相配合，互相制约，以保证准确有效地执行法律。

（三）刑事辩护与刑事代理

1. 刑事辩护

犯罪嫌疑人、被告人除自己行使辩护权以外，还可以委托1~2名律师，人民团体或犯罪嫌疑人、被告人所在单位推荐的人或其监护人、亲友担任他们的辩护人。犯罪嫌疑人自被侦查机关第一次讯问或采取强制措施之日起，就有权委托辩护人。但在侦查期间只能委托律师作为辩护人。移送审查起诉后的被告人有权随时委托辩护人。

侦查机关在对犯罪嫌疑人进行第一次讯问或采取强制措施时，检察院自收到移送审查起诉的案件材料之日起3日以内，就应当告知他有权委托辩护人。法院自受理案件之日起3日以内，应当告知被告人有权委托辩护人。

犯罪嫌疑人、被告人因经济困难或其他原因没有委托辩护人的，本人及其近亲属可以申请法律援助。犯罪嫌疑人、被告人是盲、聋、哑人，或者是尚未完全丧失辨认或控制自己行为能力的精神病人，或者可能被判处无期徒刑、死刑，又没有委托辩护人的，公检法机关应当通知法律援助机构指派律师为其提供辩护。

法律援助机构可以在法院、看守所等场所派驻值班律师。犯罪嫌疑人、被告人没有委托辩护人，法律援助机构没有指派律师为其提供辩护的，由值班律师提供法律咨询、程序选择建议、申请变更强制措施、对案件处理提出意见等法律帮助。法院、检察院、看守所应当告知犯罪嫌疑人、被告人有权约见值班律师，并为其约见值班律师提供便利。

2. 刑事代理

公诉案件的被害人及其法定代理人或近亲属，附带民事诉讼的当事人及其法定代理人，自案件移送审查起诉之日起，有权委托诉讼代理人。检察院自收到移送审查起诉的案件材料之日起3日以内，应当告知他们有权委托诉讼代理人。

自诉案件的自诉人及其法定代理人，附带民事诉讼的当事人及其法定代理人，有权随时委托诉讼代理人。法院自受理自诉案件之日起3日以内，应当告知他们有权委托诉讼代理人。

（四）认罪认罚从宽制度

认罪认罚从宽制度是指犯罪嫌疑人、被告人自愿如实供述自己的罪行，对于指控犯罪事实没有异议，同意检察院的量刑意见并签署具结书的案件，可以依法从宽处理的制度。目前，我国基层人民法院每年一审审结刑事案件约130万件，判处有期徒刑三年以下刑罚的案件占比在80%以上。通过对认罪认罚案件分流处理，构建普通程序、简易程序、速裁程序有序衔接的多层次诉讼体系，实现简案快审、繁案精审，推动司法资源合理配置。

1. 听取意见

犯罪嫌疑人认罪认罚的，检察院应当告知其享有的诉讼权利和认罪认罚的法律规定，听取犯罪嫌疑人、辩护人或值班律师、被害人及其诉讼代理人对下列事项的意见，并记录在案。

（1）涉嫌的犯罪事实、罪名及适用的法律规定；

（2）从轻、减轻或免除处罚等从宽处罚的建议；

（3）认罪认罚后案件审理适用的程序；

（4）其他需要听取意见的事项。

检察院依照前面的规定听取值班律师意见的，应当提前为值班律师了解案件有关情况提供必要的便利。

2. 签署认罪认罚具结书

犯罪嫌疑人自愿认罪，同意量刑建议和程序适用的，应当在辩护人或值班律师在场的情况下签署认罪认罚具结书。

犯罪嫌疑人认罪认罚，有下列情形之一的，不需要签署认罪认罚具结书：

（1）犯罪嫌疑人是盲、聋、哑人，或者是尚未完全丧失辨认或控制自己行为能力的精神病人的；

（2）未成年犯罪嫌疑人的法定代理人、辩护人对未成年人认罪认罚有异议的；

（3）其他不需要签署认罪认罚具结书的情形。

被告人认罪认罚的，审判长应当告知被告人享有的诉讼权利和认罪认罚的法律规定，并审查认罪认罚的自愿性和认罪认罚具结书内容的真实性、合法性。

3. 量刑建议

对于认罪认罚案件，法院依法作出判决时，一般应当采纳检察院指控的罪名和量刑建议，但有下列情形的除外：

（1）被告人的行为不构成犯罪或不应当追究其刑事责任的；

（2）被告人违背意愿认罪认罚的；

（3）被告人否认指控的犯罪事实的；

（4）起诉指控的罪名与审理认定的罪名不一致的；

（5）其他可能影响公正审判的情形。

法院经审理认为量刑建议明显不当，或者被告人、辩护人对量刑建议提出异议的，人民检察院可以调整量刑建议。检察院不调整量刑建议或者调整量刑建议后仍然明显不当的，法院应当依法作出判决。

二、国家专门机关与管辖

刑事诉讼管辖是指公检法机关在刑事案件立案范围和法院系统内部确定上下级法院之间以及同级法院之间受理第一审刑事案件的分工和权限。不同于民事诉讼和行政诉讼只解决法院系统内部的一审案件审判分工问题，刑事诉讼管辖首先要解决的是公检法机关在直接受理刑事案件上的分工也就是立案管辖；其次才是法院系统内部在审判一审案件的分工问题。

这就涉及刑事诉讼中的国家专门机关，包括分别行使刑事侦查权（调查权）、检察权、审判权及刑罚执行权的公安机关、国家安全机关、监察委员会、检察院、法院、军队保卫部门和监狱。

公安机关是各级政府的组成部门，是刑事诉讼中的主要侦查机关，负责绝大多数刑事案件的立案侦查工作，同时也是部分刑罚的执行机关。各级监察委员会是依法独立行使监察权的国家监察机关，在刑事诉讼中依法办理所有行使公权力的公职人员的职务犯罪案件，对涉嫌贪污贿赂、滥用职权、玩忽职守等职务违法和犯罪进行调查，对涉嫌职务犯罪的，将调查结果移送检察院依法审查、提起公诉。检察院是国家的法律监督机关，在刑事诉讼中依法行使检察权。法院是国家的审判机关，在刑事诉讼中依法行使审判权。

（一）立案管辖

立案管辖涉及侦查权问题。刑事案件的立案涉及不同的罪名。根据现行刑事诉讼法和监察法，享有刑事立案与侦查权的机关包括公安机关、国家安全机关、监察机关、检察机关以及军队保卫部门、中国海警局、监狱等。

刑事案件的侦查由公安机关进行，法律另有规定的除外。修改后的刑事诉讼法和新制定的监察法，把原本由检察院行使的职务犯罪侦查权移交给监察委员会，也把原本由公安机关管辖的42个罪名变更为监察委员会管辖。《国家监察委员会管辖规定（试行）》中规定了国家监察委员会管辖由公安机关和检察院移交的一共 88 个罪名，主要由六部分组成：一是贪污贿赂犯罪案件（17 个）；二是滥用职权犯罪案件（15 个）；三是玩忽职守犯罪案件（11 个）；四是徇私舞弊犯罪案件（15 个）；五是公职人员在行使公权力过程中发生的重大责任事故犯罪案件（11 个）；六是公职人员在行使公权力过程发生的其他犯罪案件（19 个）。检察院则仅对司法人员渎职案件一共 14 个罪名可以立案侦查。

国家安全机关依法办理危害国家安全的刑事案件。军队保卫部门对军队内部发生的刑事案件，履行海上维权执法职责的中国海警局对海上发生的刑事案件，监狱对罪犯在监狱内犯罪的案件分别立案并行使侦查权。

此外，刑事自诉案件由原告人自己直接向法院提起刑事自诉，即刑事自诉案件由法院直接受理。

（二）审判管辖

1. 级别管辖

级别管辖是指上下级人民法院之间受理第一审刑事案件的分工和权限。除依照刑事诉讼法由上级人民法院管辖外，第一审普通刑事案件都由基层人民法院管辖。中级人民法院管辖两类一审刑事案件：危害国家安全、恐怖活动案件，可能判处无期徒刑、死刑的案件。高级人民法院管辖全省性的重大一审刑事案件，最高人民法院管辖全国性的重大一审刑事案件。

2. 地域管辖

地域管辖是指确定同级人民法院之间在各自的辖区内受理第一审刑事案件的分工和权限。刑事案件由犯罪地的人民法院管辖。如果由被告人居住地的人民法院审判更为适宜的，可以由被告人居住地的人民法院管辖。几个同级人民法院都有权管辖的案件，由最初受理的人民法院审判。在必要的时候，可以移送主要犯罪地的人民法院审判。

三、刑事诉讼强制措施

刑事诉讼中的强制措施是指公检法机关为了有效保障诉讼活动的顺利进行，依法对有关诉讼参与人采取的限制或剥夺其人身自由的方法和措施。公检法机关根据案件情况，对犯罪嫌疑人、被告人可以采取拘传、取保候审、监视居住、逮捕、刑事拘留。

（一）拘传

拘传是指公检法机关对不需要逮捕、拘留的犯罪嫌疑人，传唤其到指定地点或者到他的住处进行讯问的一种力度较轻的强制措施。

拘传应当出示人民检察院或者公安机关的证明文件，保证犯罪嫌疑人的饮食和必要的休息时间，且持续时间不得超过12小时；案情特别重大复杂，需要采取拘留逮捕措施的，拘传持续的时间不得超过24小时。也不得以连续传唤、拘传的形式变相拘禁犯罪嫌疑人。

（二）取保候审

取保候审是指公检法机关责令犯罪嫌疑人、被告人提供保证人或交纳保证金以保证不逃避或妨碍侦查、起诉和审判并随传随到的一种强制措施。犯罪嫌疑人、被告人有下列情形之一的，可以取保候审：①可能判处管制、拘役或者独立适用附加刑的；②可能判处有期徒刑以上刑罚，采取取保候审不致发生社会危险性的；③患有严重疾病、生活不能自理，怀孕或者正在哺乳自己婴儿的妇女，采取取保候审不致发生社会危险性的；④羁押期限届满，案件尚未办结，需要采取取保候审的。公检法机关应责令犯罪嫌疑人、被告人提出保证人或者交纳保证金。取保候审由公安机关执行，最长不得超过12个月。

取保候审的决定机关应当综合考虑保证诉讼活动正常进行的需要，被取保候审人的社会危险性，案件的性质、情节，可能判处刑罚的轻重，被取保候审人的经济状况等情况，确定保证金的数额。

（三）监视居住

监视居住是指公检法机关为了防止犯罪嫌疑人、被告人逃避或妨碍侦查、起诉和审判，依法责令其不得擅自离开住处或指定居所，并对其加以监视的一种强制措施。

犯罪嫌疑人、被告人符合逮捕条件但又有下列情形之一的，公检法机关可以决定对其监视居住：①患有严重疾病、生活不能自理的；②怀孕或者正在哺乳自己婴儿的妇女；③系生活不能自理的人的唯一扶养人；④因为案件的特殊情况或者办理案件的需要，采取监视居住措施更为适宜的；⑤羁押期限届满，案件尚未办结，需要采取监视居住措施的。对符合取保候审条件，但犯罪嫌疑人、被告人不能提出保证人，也不交纳保证金的，可以监视居住。

取保候审由公安机关执行，最长不得超过12个月。监视居住应当在犯罪嫌疑人、被告人的住处执行，无固定住处的可以在指定的居所执行。对于涉嫌危害国家安全犯罪、恐怖活动犯罪，在住处执行可能有碍侦查的，经上一级公安机关批准，也可以在指定的居所执行。但不得在羁押场所、专门的办案场所执行。指定居所监视居住的，除无法通知的以外，应当在执行监视居住后24小时以内，通知被监视居住人的家属。

指定居所监视居住的期限应当折抵刑期。被判处管制的，监视居住一日折抵刑期一日；被判处拘役、有期徒刑的，监视居住二日折抵刑期一日。被监视居住的犯罪嫌疑人、被告人未经执行机关批准不得离开执行监视居住的处所、会见他人或者通信，不得以任何形式干扰证人作证、毁灭伪造证据或串供，在传讯时及时到案。违反前述规定情节严重的，可以先行拘留并予以逮捕。

（四）刑事拘留

拘留是公安机关、检察院对于现行犯或者重大嫌疑分子，在紧急情况下依法采取的临时剥夺其人身自由的一种强制措施。现行犯或重大嫌疑分子有下列情形之一的，公安机可以先行拘留：①正在预备犯罪、实行犯罪或者在犯罪后即时被发觉的；②被害人或者在场亲眼看见的人指认他犯罪的；③在身边或住处发现有犯罪证据的；④犯罪后企图自杀、逃跑或者在逃的；⑤有毁灭、伪造证据或者串供可能的；

⑥不讲真实姓名、住址，身份不明的；⑦有流窜作案、多次作案、结伙作案重大嫌疑的。

公安机关拘留人的时候，必须出示拘留证，并立即将被拘留人送看守所羁押，至迟不得超过 24 小时。拘留后 24 小时以内进行讯问，并通知被拘留人的家属。无法通知或者涉嫌危害国家安全犯罪、恐怖活动犯罪通知可能有碍侦查的情形除外，有碍侦查的情形消失以后，应当立即通知被拘留人的家属。在发现不应当拘留的时候，必须立即释放，发给释放证明。

（五）逮捕

逮捕是指公检法机关为了防止犯罪嫌疑人、被告人逃避或妨碍侦查、起诉和审判，防止其发生社会危险性，依法采取暂时剥夺其人身自由予以羁押的强制措施。逮捕是最为严厉的强制措施。有证据证明有犯罪事实，可能判处徒刑以上刑罚，采取取保候审尚不足以防止发生下列社会危险性的犯罪嫌疑人、被告人，应当予以逮捕：①可能实施新的犯罪的；②有危害国家安全、公共安全或者社会秩序的现实危险的；③可能毁灭、伪造证据，干扰证人作证或者串供的；④可能对被害人、举报人、控告人实施打击报复的；⑤企图自杀或者逃跑的。对有证据证明有犯罪事实，可能判处 10 年有期徒刑以上刑罚的，或者有证据证明有犯罪事实，可能判处徒刑以上刑罚，曾经故意犯罪或者身份不明的，应当予以逮捕。犯罪嫌疑人、被告人被取保候审、监视居住违反规定，情节严重的，可以予以逮捕。

逮捕必须经过检察院批准或者法院决定，并由公安机关执行。公安机关逮捕人的时候，必须出示逮捕证。法院、检察院批准或决定逮捕，应当将犯罪嫌疑人、被告人涉嫌犯罪的性质、情节，认罪认罚等情况，作为是否可能发生社会危险性的考虑因素。

对于检察院或法院决定逮捕的人，公安机关对于经检察院批准逮捕的人，都必须在逮捕后立即将被逮捕人送看守所羁押。在 24 小时以内进行讯问并通知被逮捕人的家属。在发现不应当逮捕的时候，必须立即释放，发给释放证明。

此外，对于正在实行犯罪或者在犯罪后即时被发觉，或通缉在案、越狱逃跑、正在被追捕的人，任何公民都可以立即扭送公检法机关处理。

四、立案、侦查和起诉

（一）立案

立案是指公检法机关收到报案、控告、举报和犯罪嫌疑人自首的材料，根据各自管辖范围进行审查后，认为有犯罪事实发生并需要追究刑事责任，决定作为刑事案件进行侦查或审判的诉讼活动。立案是法律赋予公检法机关特有的权利和职责，是刑事诉讼程序开始的标志。

立案材料来源包括：任何单位和个人的报案或举报，被害人的报案或控告，犯罪人的自首，公检法机关主动获取的材料，监察委员会等部门移送的案件。公检法机关对于报案、控告、举报和自首的材料，应当按照管辖范围迅速进行审查，认为有犯罪事实需要追究刑事责任的时候，应当立案；认为没有犯罪事实或犯罪事实显著轻微，不需要追究刑事责任的，不予立案。

刑事自诉案件由被害人直接向法院起诉。被害人死亡或丧失行为能力的，被害人的法定代理人、近亲属有权向法院起诉。

（二）侦查

侦查是指公安机关、检察院对于刑事案件，依照法律进行的收集证据、查明案情的工作和有关的强制性措施。在我国，只有公安机关、监察委员会、检察院以及军队保卫部门、中国海警局、监狱有权对各自管辖的案件立案并进行侦查。对刑事案件进行侦查，应当收集、调取犯罪嫌疑人有罪或者无罪、罪轻或者罪重的证据材料，对有证据证明有犯罪事实的案件，应当进行预审，对收集、调取的证据材料予以核实。

侦查行为包括以下几类：讯问犯罪嫌疑人，询问证人，勘验、检查，搜查，查封、扣押物证、书证，鉴定。根据侦查犯罪的需要，经过严格的批准手续，公安机关对于危害国家安全犯罪、恐怖活动犯罪、黑社会性质的组织犯罪、重大毒品犯罪或者其他严重危害社会的犯罪案件，检察院对于利用职权实施的严重侵犯公民人身权利的重大犯罪案件，还可以采取技术侦查措施。

此外，应当逮捕的犯罪嫌疑人如果在逃，各级公安机关在自己管辖的地区直接发布通缉令采取有效措施追捕归案。超出自己管辖的地区，应当报请有权决定的上级公安机关发布。

公安机关侦查终结的案件，应当做到犯罪事实清楚，证据确实、充分，并且写出起诉意见书，连同案卷材料、证据一并移送同级检察院审查决定；同时将案件移送情况告知犯罪嫌疑人及其辩护律师。在案件侦查终结前，辩护律师提出要求的，侦查机关应当听取辩护律师的意见，并记录在案。辩护律师提出书面意见的，应当附卷。犯罪嫌疑人自愿认罪的，应当记录在案，随案移送，并在起诉意见书中写明有关情况。

（三）提起公诉

1. 审查起诉

凡需要提起公诉的案件，一律由检察院审查决定。检察院审查案件时，必须查明：①犯罪事实、情节是否清楚，证据是否确实、充分，犯罪性质和罪名的认定是否正确；②有无遗漏罪行和其他应当追究刑事责任的人；③是否属于不应追究刑事责任的；④有无附带民事诉讼；⑤侦查活动是否合法。

检察院审查案件，应当讯问犯罪嫌疑人，听取辩护人或者值班律师、被害人及其诉讼代理人的意见，并记录在案。辩护人或者值班律师、被害人及其诉讼代理人提出书面意见的，应当附卷。

检察院审查案件，可以要求公安机关提供法庭审判所必需的证据材料；认为可能存在以非法方法收集证据情形的，可以要求其对证据收集的合法性作出说明。

检察院对于监察机关、公安机关移送起诉的案件，应当在1个月以内作出决定，重大、复杂的案件，可以延长15日；犯罪嫌疑人认罪认罚，符合速裁程序适用条件的，应当在10日以内作出决定，对可能判处超过一年的有期徒刑的，可以延长至15日。

2. 提起公诉

检察院认为犯罪嫌疑人的犯罪事实已经查清，证据确实、充分，依法应当追究刑事责任的，应当作出起诉决定，按照审判管辖的规定，向法院提起公诉，并将案卷材料、证据移送法院。犯罪嫌疑人认罪认罚的，检察院应当就主刑、附加刑、是否适用缓刑等提出量刑建议，并随案移送认罪认罚具结书等材料。

3. 不起诉

犯罪嫌疑人没有犯罪事实，或者有《刑事诉讼法》第16条规定的下列情形之一的，检察院应当作出不起诉决定：①情节显著轻微、危害不大，不认为是犯罪的；②犯罪已过追诉时效期限的；③经特赦令免除刑罚的；④依照刑法告诉才处理的犯罪，没有告诉或者撤回告诉的；⑤犯罪嫌疑人、被告人死亡的；⑥其他法律规定免予追究刑事责任的。

对于犯罪情节轻微，依照刑法规定不需要判处刑罚或免除刑罚的，检察院可以作出不起诉决定。对于二次补充侦查的案件，人民检察院仍然认为证据不足，不符合起诉条件的，应当作出不起诉的决定。

五、刑事诉讼审判

（一）审判组织

基层人民法院、中级人民法院审判第一审案件，应当由审判员三人或由审判员和人民陪审员共3人或7人组成合议庭进行。基层人民法院适用简易程序、速裁程序审理的刑事案件，可以由审判员1人独任审判。高级人民法院审判第一审案件，应当由审判员3人至7人或由审判员和人民陪审员共3人或7人组成合议庭。最高人民法院审判第一审案件，应当由审判员3人至7人组成合议庭进行。人民法院审判上诉和抗诉第二审案件，由审判员3人或5人组成合议庭进行。

合议庭成员应当是单数。合议庭开庭审理并且评议后,应当作出判决。进行评议的时候,如果意见分歧,应当按多数人的意见作出决定,但是少数人的意见应当写入笔录。评议笔录由合议庭的组成人员签名。对于疑难、复杂、重大难以作出决定的案件,由合议庭提请院长决定提交审判委员会讨论决定。审判委员会的决定,合议庭应当执行。

(二) 一审程序

1. 公诉案件

法院对提起公诉的案件进行审查后,对于起诉书中有明确的指控犯罪事实的,应当决定开庭审判,检察院应当派员出席法庭支持公诉。在开庭以前,审判人员可以召集公诉人、当事人和辩护人、诉讼代理人,对回避、出庭证人名单、非法证据排除等与审判相关的问题,了解情况,听取意见。开庭时,审判长查明当事人是否到庭,宣布案由、合议庭的组成等情况。

公诉人在法庭上宣读起诉书后,被告人、被害人可以就起诉书指控的犯罪进行陈述,公诉人可以讯问被告人。被害人、附带民事诉讼的原告人和辩护人、诉讼代理人,经审判长许可,可以向被告人发问。审判人员可以讯问被告人。然后进行举证质证、法庭辩论、被告人最后陈述等环节。在被告人最后陈述后,审判长宣布休庭,合议庭进行评议,根据已经查明的事实、证据和有关的法律规定,分别作出以下判决:①案件事实清楚,证据确实、充分,依据法律认定被告人有罪的,应当作出有罪判决;②依据法律认定被告人无罪的,应当作出无罪判决;③证据不足,不能认定被告人有罪的,应当作出证据不足、指控的犯罪不能成立的无罪判决。

2. 自诉案件

自诉案件包括三类:①告诉才处理的案件;②被害人有证据证明的轻微刑事案件;③被害人有证据证明对被告人侵犯自己人身、财产权利的行为应当依法追究刑事责任,而公安机关或检察院不予追究的案件。

法院对于自诉案件进行审查后，按照下列情形分别处理：①犯罪事实清楚，有足够证据的案件，应当开庭审判；②缺乏罪证的自诉案件，如果自诉人提不出补充证据，应当说服自诉人撤回自诉，或者裁定驳回。

自诉案件可以进行调解、和解、撤诉，被告人可以对自诉人提起反诉。

3. 简易程序与速裁程序

基层人民法院管辖的案件符合下列条件的，可以适用简易程序审判：①案件事实清楚、证据充分的；②被告人承认自己所犯罪行，指控的犯罪事实没有异议的；③被告人对适用简易程序没有异议的。

对可能判处三年有期徒刑以下刑罚的简易程序案件，可以组成合议庭进行审判，也可以由审判员一人独任审判；对可能判处的有期徒刑超过三年的则应当组成合议庭进行审判。适用简易程序审理公诉案件，人民检察院应当派员出席法庭。

简易程序案件，审判人员应当询问被告人对指控的犯罪事实的意见，告知被告人适用简易程序审理的法律规定，确认被告人是否同意适用简易程序审理。法院审理简易程序案件应当在受理后 20 日以内审结，对可能判处超过 3 年有期徒刑的，可以延长至一个半月。

基层人民法院管辖的可能判处 3 年有期徒刑以下刑罚的案件，案件事实清楚，证据确实、充分，被告人认罪认罚并同意适用速裁程序的，可以适用速裁程序，由审判员 1 人独任审判并当庭宣判。速裁程序案件应当在受理后 10 日以内审结，对可能判处超过 1 年有期徒刑的，可以延长至 15 日。检察院在提起公诉的时候，可以建议法院适用简易程序或速裁程序。

但以下几类情形不宜适用简易程序或速裁程序：被告人是盲、聋、哑人，或者是尚未完全丧失辨认或者控制自己行为能力的精神病人的；案件有重大社会影响的；共同犯罪案件中部分被告人不认罪或对指控的犯罪事实、罪名、量刑建议，对适用简易程序或速裁程序有异议的。此外，被告人是未成年人的，被告人与被害人或者其法定代理人没有就附带民事诉讼赔偿等事项达成调解或者和解协议的，也不适用速裁程序。

(三) 二审程序

又称上诉审程序，是指第一审当事人不服地方各级人民法院的裁判而依法向上一级人民法院提起上诉，要求撤销或变更原裁判，上一级人民法院据此对案件进行审判所适用的程序。

1. 上诉与抗诉

第一审被告人、自诉人和他们的法定代理人，不服地方各级人民法院的一审裁判，有权用书状或口头向上一级人民法院上诉。被告人的辩护人和近亲属，经被告人同意，可以提出上诉。附带民事诉讼的当事人和他们的法定代理人，可以对地方各级人民法院一审裁判中的附带民事诉讼部分，提出上诉。

地方各级人民检察院认为本级人民法院第一审的判决、裁定确有错误，通过原审人民法院提出抗诉书向上一级人民法院提出抗诉，并且将抗诉书抄送上一级人民检察院。被害人及其法定代理人不服地方各级人民法院第一审的判决的，只能请求人民检察院提出抗诉。人民检察院自收到请求后五日以内应当作出是否抗诉的决定并且答复。

不服判决的上诉和抗诉的期限为 10 日，不服裁定的上诉和抗诉的期限为 5 日，从接到判决书、裁定书的第二日起算。

2. 二审审理

二审人民法院应当就第一审判决认定的事实和适用法律进行全面审查，不受上诉或者抗诉范围的限制。共同犯罪的案件只有部分被告人上诉的，也应当一并对全案进行审查处理。二审人民法院决定不开庭审理的，应当讯问被告人，听取其他当事人、辩护人、诉讼代理人的意见。下列案件，二审人民法院应当组成合议庭开庭审理：

①被告人、自诉人及其法定代理人对第一审认定的事实、证据提出异议，可能影响定罪量刑的上诉案件；②被告人被判处死刑的上诉案件；③人民检察院抗诉的案件；④其他应当开庭审理的案件。

3. 二审裁判

二审人民法院对上诉或抗诉案件经过审理后，按照下列情形分别处理：①维持原判。原判决认定事实和适用法律正确、量刑适当的，应当裁定驳回上诉或抗诉，维持原判；②依法改判。原判决认定事实没有错误，但适用法律有错误，或量刑不当的，应当改判，但对于上诉的案件，不得加重被告人的刑罚；③发回重审。原判决事实不清楚或证据不足的，可以在查清事实后改判，也可以裁定撤销原判，发回重审。

二审人民法院发现一审人民法院的审理有违反公开审判、回避制度等诉讼程序的情形的，应当裁定撤销原判，发回重审。

（四）死刑复核程序

死刑案件由最高人民法院核准。中级人民法院判处死刑的第一审案件，被告人不上诉的，应当由高级人民法院复核后，报请最高人民法院核准。高级人民法院不同意判处死刑的，可以提审或发回重审。高级人民法院判处死刑的第一审案件被告人不上诉的，和判处死刑的第二审案件，都应当报请最高人民法院核准。中级人民法院判处死刑缓期二年执行的案件，由高级人民法院核准。

最高人民法院复核死刑案件，高级人民法院复核死刑缓期执行的案件，应当由审判员3人组成合议庭进行。最高人民法院复核死刑案件，应当讯问被告人，辩护律师提出要求的，应当听取辩护律师的意见，作出核准或不核准死刑的裁定。对于不核准死刑的，最高人民法院可以发回重新审判或予以改判。最高人民检察院可以向最高人民法院提出意见。最高人民法院应当将死刑复核结果通报最高人民检察院。

（五）审判监督程序

又称再审程序，是指对人民法院已生效裁判，发现确有错误，依照法定程序予以纠正的审判程序。人民法院按照审判监督程序审判的案件，可以决定中止原裁判的执行。引起审判监督程序也是人民法院依职权提起、检察院抗诉、当事人申诉3种方式。

当事人及其法定代理人、近亲属对已生效裁判，可以向人民法院或人民检察院提出申诉，符合下列情形之一的，人民法院应当重新审判：①有新的证据证明原裁判认定的事实确有错误，可能影响定罪量刑的；②据以定罪量刑的证据不确实、不充分、依法应当予以排除，或证明案件事实的主要证据之间存在矛盾的；③原裁判适用法律确有错误的；④违反法律规定的诉讼程序，可能影响公正审判的；⑤审判人员在审理该案件时，有贪污受贿、徇私舞弊、枉法裁判行为的。

（六）执行

判决和裁定在发生法律效力后执行。执行程序是刑罚权的执行，是刑事诉讼的最后一个程序。我国刑罚执行权的主体是法院、监狱、公安机关与社区矫正机构。法院负责死刑、罚金刑、没收财产、免予刑事责任与无罪判决的执行，监狱负责死缓、无期徒刑、有期徒刑的执行。对未成年犯应当在未成年犯管教所执行刑罚。对被判处有期徒刑的罪犯，在被交付执行刑罚前，剩余刑期在3个月以下的，由看守所代为执行。拘役、剥夺政治权利由公安机关负责执行。被判处管制、宣告缓刑、假释或者暂予监外执行的罪犯，依法实行社区矫正，由社区矫正机构负责执行。

一审人民法院判决被告人无罪、免除刑事处罚的，如果被告人在押，在宣判后应当立即释放。最高人民法院判处和核准的死刑立即执行的判决，应当由最高人民法院院长签发执行死刑的命令。人民法院在交付执行死刑前，应当通知同级人民检察院派员临场监督。

第四节 诉讼证据

一、诉讼证据与证据法规

（一）诉讼证据

一般意义上的证据就是证明某个事实的凭据，就是证明的根据。诉讼证据是审判人员、检察人员、侦查人员及诉讼参加人与他们的诉讼代理人依照法定的程序收集并审查核实，能够证明案件真实情况的材料。3部诉讼法都规定，证据必须经过查证属实，才能作为定案的根据。

诉讼的首要目标是公正地解决当事人之间的纠纷，而司法人员对案件的认识，都是通过证据来实现的。因此，证据在诉讼中发挥着重要作用。在刑事诉讼中，证据是揭露犯罪、证明犯罪的主要手段。在民事诉讼和行政诉讼中，证据是解决双方当事人权利义务关系发生争议案件的事实基础。所谓"打官司就是打证据"，说明了证据在诉讼中的重要地位和作用。

（二）证据的"三性"

诉讼证据与一般意义的证据不同，其有以下本质特征。

1. 证据的客观性

证据的客观性是指证据必须是随着案件而产生，不以人们的主观意志为转移的客观存在的事实。因此，证据必须要有正确的来源，不能是办案人员的假设、推理、臆断等主观判断。

2. 证据的关联性

证据的关联性是指证据必须同案件事实存在某种联系，与案件无关的证据即使客观真实，也因"与本案无关"而将得不到司法机关的采信，起不到支持其诉讼请求的作用。

3. 证据的合法性

证据的合法性是指证据不能是违法获得的，特别是刑事诉讼证据不能是司法人员以刑讯逼供和威胁、引诱、欺骗等非法方法收集到的。民事诉讼与行政诉讼中，以侵害他人合法权益或者违反法律禁止性规定的方法取得的证据，都不能作为认定案件事实的依据。

证据都应当具有"三性"，才能作为有效的证据，起到证明案件事实的作用。

（三）证据法规

证据法律制度是各国诉讼法律制度的重要组成部分。我国素有"重实体法、轻程序法"的传统。21世纪以来，随着3部诉讼法的几次修改和司法改革的大力推进特别是法院审判方式的改革，证据立法也已经越来越完善。目前我国并未制定一部统一适用于三大诉讼的证据规则，没有专门的证据法典。我国的证据法规散见于三部诉讼法。《民事诉讼法》第六章有关证据规定为第63条~第81条，《行政诉讼法》第五章有关证据的规定为第33条~第43条，《刑事诉讼法》第五章有关证据的规定为第50条~第65条。最高人民法院关于适用这三部法律所分别颁布的司法解释，以及有关证据适用的专门解释，都是公检法机关与当事人在诉讼中必须遵循的证据规则。

二、证据种类与证据分类

（一）证据种类

证据种类又称证据的法定形式，我国三大诉讼法都有证据一章对此专门规定。

1. 书证

书证是指能够以文字、符号、图形等方式记载的内容和表达的思想来证明案件真实情况的一切物品。如反映当事人之间借贷关系的借条、汇款凭证，能够证明当事人的员工身份的社会保险缴纳记录凭证和工资领取凭证等。

2. 物证

物证是指以其存在的形状、质量、规格、特性等外部特征来查明证明案件真实情况的一切物品和痕迹。刑事诉讼中犯罪使用的工具，现场遗留的脚印、血迹、指纹等；民事诉讼中侵权行为使用的工具，因合同履行引起纠纷的标的物如买卖的货物；行政诉讼中也有大量的物证。物证比言词证据更客观、真实，更容易把握，但物证属于"哑巴证据"。

3. 视听资料与电子数据

视听资料是指采用现代科技手段，可以将案件声音、图像、录像重现的录音、录像、电子计算机等方式记录存储于科技设备的信息，用于证明案件真实情况的资料。电子数据是指以电子形式存在的，可以用于证明案件事实的一切数据信息。

从视听资料的历史成因来看，录音、录像资料就属于视听资料。随着科学技术特别是近些年互联网技术的进步，视听资料的存储技术发生了改变。在电子数据作为新证据类型单独列出之前，在计算机上形成的视频资料等多媒体数据都归入视听资料证据范畴，视听资料就包括在计算机上形成的视频资料等多媒体数据。互联网时代，电子证据包括电子邮件、电子数据交换、网上聊天记录、网络博客、微博、手机短信、电子签名、域名等新形式的文字性计算机数据。

4. 证人证言

证人证言是指了解案件情况的人就自己所知道的事实，向办案人员所做的有关案件的陈述。证人证言有书面和口头两种形式，在各类案件中大量存在。

凡是知道案件情况的单位和个人，都有作证的义务。有关单位的负责人应当支持证人作证。生理上、精神上有缺陷或者年幼且不能辨别是非、不能正确表达意思的人，不能作证人。

5. 鉴定意见

鉴定意见，是指鉴定人接受公检法机关的指派或聘请，运用自己的专门知识和技能，对案件中需要解决的专门性问题进行鉴定后所做的结论性判断。例如对毒品纯度、枪支弹药、伤情、伤残等级、死因的鉴定。

6. 当事人陈述

当事人陈述是指民事诉讼和行政诉讼中，涉及案件的有关当事人就自己所知道的事实，向办案人员所做的有关案件的陈述和对案件事实的承认。

7. 被害人陈述

被害人陈述是指刑事诉讼案件的被害人就自己所知道的事实向办案人员所做的陈述。被害人是案件的当事人，因此他的陈述具有不可替代性，可以直接证明案件事实，同时也往往带有倾向性。

8. 犯罪嫌疑人、被告人供述和辩解

又称口供，是犯罪嫌疑人、被告人就被指控的犯罪事实向公检法机关所做的有罪的供述和无罪或罪轻的辩解。口供可以直接证明案件事实，但又容易出现反复且可能含有虚假的成分。

9. 笔录

勘验、检查、辨认、侦查实验笔录是办案人员对于案件有关的场所、物品、人身进行勘验、检查、辨认或进行侦查实验时所做的文字记载并与在场见证人签名的一种书面文件。侦查实验只能由公安机关进行。民事诉讼只有勘验笔录，行政诉讼除了勘验笔录外，还有现场笔录，即国家行政机关及其工作人员对违反行政法律规范的行政相对人当场作出处理而制作的文字记载材料。

（二）证据的分类

证据的分类不同于证据的法定种类，是指在理论研究上将证据按照不同的标准划分为不同的类别。证据分类不是法律的规定，而是从理论上对证据进行分类。

1. 根据证据的来源不同，把证据分为原始证据和传来证据。

原始证据是直接来源于案件事实或原始出处的证据，也叫第一手证据。例如刑事诉讼中在案发现场找到的作案工具，民事诉讼中当事人提供的银行汇款凭证。传来证据是指不是直接来源于案件事实或原始出处，而是间接的、非第一手获得的证据材料，也叫派生证据。例如合同的复印件。

区分原始证据和传来证据可以区别不同类别证据的可靠性和证明力，原始证据较传来证据更为可靠，有着更强的证明力。最高人民法院关于民事诉讼和行政诉讼证据规则都规定，原始证据的证明力一般大于或优于传来证据。因此，在证据的收集中，要努力寻找、发现并尽可能获得原始证据。当然，传来证据的作用也不容忽视。

2. 言词证据和实物证据

根据证据事实形成的方法、表现形式和存在方式，可以将证据分为言词证据和实物证据。言词证据，俗称人证，是指以人的陈述为存在和表现形式的证据。例如证人证言、鉴定意见、刑事诉讼中的被害人陈述、犯罪嫌疑人和被告人的供述和辩解、民事诉讼和行政诉讼中当事人的陈述。实物证据是指以实物形态为存在和表现形式的证据。

包括物证、书证、电子数据、勘验笔录等。

划分言词证据和实物证据有利于揭示两类证据的特点。言词证据比较容易全面系统地证明案件事实，证据来源不容易灭失，但容易受各种主客观因素的影响而出现虚假或失真的情况。实物证据具有较强的客观性和稳定性，但本身容易灭失，而且对案件事实的证明具有片段性。因此，这种划分有利于指导司法人员针对不同证据的特点采用不同的方法收集、保全、审查和运用。

3. 直接证据和间接证据

直接证据是指能够单独直接证明案件主要事实的证据，间接证据则是指不能够单独直接证明，需要与其他证据结合起来才能证明案件主要事实的证据。直接证据和间接证据的划分标准是证据与案件主要事实的证明关系。直接证据主要有刑事诉讼中的被害人陈述、犯罪嫌疑人和被告人的供述和辩解、民事诉讼和行政诉讼中当事人的陈述，能证明案件主要事实的证人证言、书证、电子证据。间接证据范围广泛，它的作用也不容忽视。间接证据既可以用来证明案件事实中的非主要事实及各种情节，也是发现和获取直接证据的媒介，还可以印证直接证据是否真实以增强直接证据的证明效果。

4. 本证和反证

民事诉讼和行政诉讼中，可以根据诉讼证据与当事人主张的事实的关系，将诉讼证据分为本证和反证。本证是指能够支持诉讼一方的事实主张成立，即证明当事人主张的事实存在的证据。反证是指能够证明对方当事人主张的事实不存在，对对方当事人主张的事实起否定作用的证据。

将证据分为本证和反证，有利于调动诉讼双方举证的积极性、增强诉讼的抗辩性，有利于审判人员全面了解诉辩双方的事实主张和证据情况从而全面客观地审查证据。

5. 有罪证据和无罪证据

这是刑事诉讼中根据证据是为了证明犯罪嫌疑人、被告人有罪还是无罪或罪轻的分类。有罪证据也叫指控证据，是指能够证明犯罪嫌疑人、被告人有罪的犯罪事实存在的证据。无罪证据也叫反驳证据，是指能够证明犯罪事实不存在，或证明犯罪嫌疑人、被告人无罪、罪轻以及减轻他们的刑事责任的证据。

三、证据收集与证明责任

（一）证据收集

证据收集是指在诉讼中包括公检法机关和当事人及其代理人的证明主体，运用法律许可的方法和手段，寻找、提取和固定与案件有关的各种证据材料的活动。收集证据的方法包括询问、讯问、辨认、勘验、检查、搜查、鉴定等，公安机关等侦查机关经过批准还可以采取技术侦查、秘密侦查的手段。

民事诉讼中，当事人及其诉讼代理人因客观原因不能自行收集的证据，或者人民法院认为审理案件需要的证据，人民法院应当调查收集。人民法院认为审理案件需要的证据包括：①涉及可能损害国家利益、社会公共利益的；②涉及身份关系的；③涉及《民事诉讼法》第55条规定诉讼的；④当事人有恶意串通损害他人合法权益可能的；⑤涉及依职权追加当事人、中止诉讼、终结诉讼、回避等程序性事项的。

在行政诉讼过程中，被告及其诉讼代理人不得自行向原告、第三人和证人收集证据。

在刑事诉讼中，公检法机关有权向有关单位和个人收集、调取证据，有关单位和个人应当如实提供证据。审判人员、检察人员、侦查人员必须依照法定程序，收集能够证实犯罪嫌疑人、被告人有罪或者无罪、犯罪情节轻重的各种证据。严禁刑讯逼供和以威胁、引诱、欺骗以及其他非法方法收集证据，不得强迫任何人证实自己有罪。必须保证一切与案件有关或者了解案情的公民，有客观地充分地提供证据的条件，除特殊情况外，可以吸收他们协助调查。采用刑讯逼供等非法方法收集的犯罪嫌疑人、被告人供述和采用暴力、威胁等非法方法收集的证人证言、被害人陈述，应当予以排除。收集物证、书证不符合法定程序，可能严重影响司法公正的，应当予以补正或者作出合理解释；不能补正或者作出合理解释的，对该证据应当予以排除。

收集的证据必须经过法庭的审查、判断，查证属实后，才能作为认定案件事实的根据。

（二）证明对象、证明责任与证明标准

证明是指诉讼主体按照法定的程序和标准，运用已知的证据和事实来认定案件事实的活动。证明主体是参与到诉讼中的公检法机关或当事人，证明对象是诉讼客体或案件事实。

1. 证明对象

又称待证事实，是证明活动中需要证明的事实。民事诉讼中的证明对象包括民事法律关系发生、变更和消灭的事实，民事争议发生过程的事实，当事人主张的民事诉讼程序事实以及与案件有关的其他事实。行政诉讼中的证明对象包括行政机关等行政主体作出行政行为的合法性事实。刑事诉讼中的证明对象包括被指控犯罪行为构成要件的事实，与犯罪行为有关的各种量刑情节事实，排除行为的违法性、可罚性和行为人刑事责任的事实，以及刑事诉讼程序事实。

2. 证明责任

证明责任是指诉讼主体收集或提供证据证明主张的案件事实成立或有利于自己主张的责任，否则将承担其主张不能成立（俗称败诉、官司打输）的风险。

关于民事诉讼，《最高人民法院关于适用〈中华人民共和国民事诉讼法〉的解释》（法释〔2015〕5号）第90条规定，当事人对自己提出的诉讼请求所依据的事实或者反驳对方诉讼请求所依据的事实，应当提供证据加以证明，但法律另有规定的除外。主张法律关系存在的当事人，应当对产生该法律关系的基本事实承担举证责任；主张法律关系变更、消灭或者权利受到妨害的当事人，应当对该法律关系变更、消灭或者权利受到妨害的基本事实承担举证责任。在作出判决前，当事人未能提供证据或者证据不足以证明其事实主张的，由负有举证责任的当事人承担不利的后果。因此，民事诉讼实行的是谁主张谁举证原则，由提出主张的一方举证证明其主张的事实与法律依据。只有在特殊侵权案件和部分劳动争议案件中实行举证责任倒置。

关于行政诉讼，《行政诉讼法》第 34 条规定，被告对作出的行政行为负有举证责任，应当提供作出该行政行为的证据和所依据的规范性文件。被告不提供或者无正当理由逾期提供证据，视为没有相应证据。但是，被诉行政行为涉及第三人合法权益，第三人提供证据的除外。因此，行政诉讼实行的是举证责任倒置原则，由行政机关举证证明其作出的行政行为具有合法依据。

关于刑事诉讼，《刑事诉讼法》第 51 条规定，公诉案件中被告人有罪的举证责任由人民检察院承担，自诉案件中被告人有罪的举证责任由自诉人承担。因此，刑事诉讼是由公诉机关举证证明被告人的犯罪事实，只有巨额财产来源不明罪采取举证责任倒置。自诉案件中被告人有罪的举证责任由自诉人承担。

3. 证明标准

又称证明要求，是指承担举证责任的人提供证据对案件事实要证明到什么程度。民事诉讼与行政诉讼的证明标准是要达到案件事实清楚，证据确实、充分。刑事诉讼中对被告人判决有罪的标准也是要达到：案件事实清楚，证据确实、充分。在证据确实、充分方面还要达到"排除合理怀疑"，具体应当符合以下条件：①定罪量刑的事实都有证据证明；②据以定案的证据均经法定程序查证属实；③综合全案证据，对所认定事实已排除合理怀疑。

【推荐读物】

1. 民事裁判方法．杨立新．法律出版社 2008 年版。
2. 皇帝如何断案．陈煜．中国法制出版社 2006 年版。
3. 看得见的正义．陈瑞华．中国法制出版社 2000 年版。
4. 上帝怎样审判．龙宗智．中国法制出版社 2000 年版。
5. 民事证据规则与法律适用．肖建华等．人民法院出版社 2005 年版。
6. 我反对——克莱伦斯．丹诺在被告席上．林正．新华出版社

1999年版。

7. 现在开庭——我为美国联邦法官做助理. 乔钢良. 上海三联书店1999年版。

8. 国际商务游戏规则：英美证据法. 杨良宜、杨大明. 法律出版社2003年版。

9. 美国民事诉讼法导论. ［美］哈泽德等. 中国政法大学出版社1998年版。

10. 民事证据的收集、保存、提交. 鲍雷、刘玉民. 人民法院出版社2008年第2版。

第七章　非诉讼纠纷解决

| 本章重要概念和术语 |
　　调解　仲裁　人民调解委员会　仲裁委员会　仲裁员　仲裁庭　仲裁协议　劳动争议　劳动仲裁　一裁终局　农村土地承包经营纠纷　农业承包合同

第一节　人民调解委员会

我国历经 40 年的改革开放，特别是随着 2001 年加入世界贸易组织以来，经济社会高速发展，当代中国社会受到市场经济、工业化以及各种制度与意识形态的冲击，呈现出与传统社会明显不同的社会秩序。就纠纷的类型而言，当今社会的纠纷已经不仅仅局限于 20 世纪尤其是改革开放前的简单的婚姻家庭等民事纠纷了。伴随着商品经济、市场经济尤其是近些年的互联网经济、金融经济的发展而出现了各种新类型纠纷，如涉及信用卡合同的纠纷、劳动合同纠纷、互联网消费与投资纠纷、工业化带来的环境污染纠纷等等。当代中国的社会经济纠纷和矛盾越来越复杂与多样化了。

一、多元化解纷机制

当代中国社会经济纠纷的多样化与复杂化，使得传统纠纷的解决机制越来越不能适应当今社会的发展变化。由于纠纷数量急剧膨胀，也不能够只依靠法院一家解决。因而，探索建立多元化的纠纷解决机制就成为当代中国社会经济的必然选择。由此，和解、调解、仲裁、诉讼等多元化的纠纷解决机制应运而生。

（一）和解

和解是纠纷双方当事人在无任何外界压力的情形下，根据自己的意愿，自行解决纠纷的一种方式。即便在诉讼过程中双方达成了和解，也是纠纷当事人意思自治、私权处分原则的体现。在现有的纠纷解决机制中，和解是被广泛采用的纠纷解决办法。运用这种办法解决纠纷，不仅可以节约经济成本，还可以有效维护原有的社会关系。

（二）调解

调解是通过第三方的力量来解决纠纷的一种方式。在目前中国的社会中，调解有民间调解、政府调解和诉讼中的司法调解三种。不论是哪一种调解都是依托一定的权威，促使纠纷得到解决。即便是在诉讼中由法院主持下的调解，也是凭借法官的身份促进纠纷的解决。

（三）仲裁

仲裁是纠纷双方当事人寻求社会救济的一种手段。在现阶段，由于仲裁这一公共产品在我国相对"熟人社会"中的供给仍然显得不足，大部分当事人对此了解、认识还相对有限。因而，一旦发生纠纷，选择这种方式予以解决的并不算多。

（四）诉讼

诉讼是国家司法介入纠纷解决的一种方式，属于公力救济。相对于其他解决方式而言，在当代社会中，诉讼比较受到人们的青睐。不仅因为人们运用法律手段维护自己合法权益的意识提高，而且因为他们对司法权威的仰望与尊重、对司法人员专业与道德水平的信任。他们相信，司法部门会给他们客观、公正的解决。有调查显示，在当前社会特别是非大都市的工商业社会，纠纷解决的三种途径，即调解、仲裁与法院诉讼，不少当事人还是倾向于选择法院诉讼来解决纠纷。

关于诉讼解决纠纷的模式，我们在前面的第六章已经专门介绍了民事诉讼法、行政诉讼法、刑事诉讼法三大程序法。本章介绍除诉讼之外的非诉讼纠纷解决方式，重点介绍商事仲裁、劳动争议仲裁与农村土地承包经营纠纷仲裁。

二、调解的概念和特征

（一）调解的概念

调解是指发生纠纷的双方或多方当事人就争议的实体权利、义务，在法院、人民调解委员会及有关组织主持下，自愿进行协商，通过对当事人的思想进行排解疏导，促成各方达成协议的纠纷解决机制。

（二）调解的特征

1. 调解人的居中性

即调解人应当公平对待纠纷主体，不能带有偏私情感，正如常言所说的"一碗水端平"。居中调解人的存在，使得调解与和解显然区别开来。

2. 纠纷主体的自治性

是否运用调解、调解过程和调解结果等，取决于纠纷主体的合意。调解人只能以"调"的方式，而不能以强制力促成双方纠纷主体相互谅解，达成解决纠纷的合意，所以不管调解人的身份地位如何，不得通过国家权力或强制措施强行解决纠纷。

3. 非严格的规范性

调解并不要求严格遵循程序规范和实体规范，具有较高的自治性和灵活性。与和解相比，调解的规范因素较多，因为调解包含着自身规则化的契机：纠纷主体往往有必要就自己主张的正当性对调解人进行说服，特别是调解人越具有居中性则纠纷主体所主张的正当性就越重要，并且调解人基于多种因素的考虑，如体现自己的公正、有利于解决纠纷等，也会主动依据正当的社会规范进行调解。

三、人民调解委员会

在我国，调解的种类很多，因调解的主体不同，调解有人民调解、法院调解、行政调解、仲裁调解以及律师调解等。法院调解是法院主持下进行的调解；行政调解是基层人民政府或国家行政机关主持下进行的调解；仲裁调解是在仲裁机构主持下进行的调解。在这几种调解中，法院调解属于诉讼内调解，其他都属于诉讼外调解。人民调解是指在人民调解组织的主持下，以国家的法律、法规、规章、政策和社会公德为依据，对民间纠纷当事人进行说服教育，规劝疏导，促使纠纷各方当事人互谅互让，平等协商，自愿达成协议，消除纷争的一种群众自治活动。

人民调解委员会是依法设立的调解民间纠纷的群众性组织。《人民调解法》规定，人民调解委员会设立有3种形式：村民委员会、居民委员会设立人民调解委员会；企业事业单位根据需要设立人民调解委员会；乡镇、街道以及社会团体或者其他组织根据需要参照《人民调解法》设立人民调解委员会。

人民调解委员会由委员3至9人组成，每个人民调解委员会应当设立一名主任，必要时可以设立副主任。人民调解委员会应当有一定比例的妇女委员，少数民族地区应当有一定比例的少数民族委员。人民调解委员会委员每届任期3年，可以连选连任。

人民调解委员会调解的民间纠纷，包括发生在公民与公民之间、公民与法人和其他社会组织之间涉及民事权利义务争议的各种纠纷。

第二节　商事仲裁

一、仲裁概述

（一）仲裁的概念

仲裁，也称为公断，是指争议双方在民事纠纷发生前或民事纠纷发生后达成协议或者根据有关法律规定，将纠纷交给中立的民间仲裁组织进行审理，并作出具有法律约束力的裁决的纠纷解决机制。作为一种商事纠纷解决方式，仲裁通常必须以双方当事人之间在仲裁之前达成的仲裁协议为前提。

在古希腊和古罗马时期，仲裁最初主要是用来解决商人之间的商业纠纷，特别是海事方面的业务纠纷。19世纪末20世纪初，由于商品经济和国际经济贸易的发展，仲裁制度逐渐流行。仲裁的适用范围不再局限于一般的商事纠纷，劳动纠纷、消费者纠纷、知识产权纠纷、国际体育争议、国际贸易纠纷等特定的纠纷，都引入了仲裁机制。现今世界，几乎每个国家和地区都有自己的仲裁机构和仲裁制度。除了国内仲裁机构，还建立了涉外、国际仲裁机构，像著名的国际商会国际仲裁院、瑞典斯德哥尔摩商会仲裁院、英国伦敦国际仲裁院、中国香港国际仲裁中心等。同时，《承认及执行外国仲裁裁决公约》（也称《1958年纽约公约》）、《关于解决各国和其他国家的国民之间投资争端的公约》（也称《1965年华盛顿公约》）等国际仲裁公约，让国际仲裁风靡世界。

我国仲裁的种类可以分为商事仲裁、涉外仲裁、劳动争议仲裁及农村土地承包合同纠纷仲裁。我国《仲裁法》规定，平等主体的公民、法人和其他组织之间发生的合同纠纷和其他财产权益纠纷，可以仲裁。婚姻、收养、监护、扶养、继承等有关人身性质的纠纷以及依法应当由行政机关处理的行政争议不能仲裁。

据司法部统计，2018年全国255家仲裁委员会共处理案件54万多件，比2017年增长127%；案件标的总额近7000亿元，比2017年增长30%。我国已经成为运用仲裁方式解决民商事纠纷最多的国家之一。

（二）仲裁的性质

仲裁是一种具有典型的民间性、自治性，又具有法律性的纠纷解决机制。

1. 民间性

仲裁机构不管何种形式，均不是国家机关，而是民间组织或社团法人。仲裁员主要是由当事人选定或约定的专家，非国家公务人员。

2. 自治性

这是当事人意思自治原则和程序主体权理论在仲裁中的充分体

现。与诉讼相比，仲裁更充分体现出当事人高度的意思自治和充足的程序选择权。

3. 法律性

仲裁的民间性和自治性并不能完全排除仲裁应当遵守当事人选定或法律规定必须适用的仲裁程序法和民事实体法，尤其不得排除适用强行法。就我国仲裁与诉讼的联系方面而言，仲裁过程中的证据保全、财产保全及执行，由于仲裁机构无权实施强制性措施，只能借助于法院来执行。

与和解、调解及民事诉讼等其他纠纷解决方式相比，仲裁有自身的优势。与和解、调解相比，调解特别是和解在实体和程序两方面没有有力的制度保障；仲裁则凭借其法律性保障着当事人双方在平等的环境中获得公平的对待和公平的结果。与民事诉讼相比，仲裁的程序简单明了，方便当事人利用，成本低廉、迅捷便利，解决结果更加符合个案和情理，不公开审理易于满足当事人保密的要求。

二、仲裁组织

（一）仲裁委员会

仲裁委员会是依法进行仲裁工作、解决合同纠纷和其他财产权益纠纷的常设机构。仲裁委员会可以在直辖市和省会城市或其他设区市设立，由上述规定的市人民政府组织有关部门和商会统一组建，应当经省级司法行政部门进行设立登记。仲裁委员会独立、不隶属于行政机关，仲裁委员会之间也没有隶属关系。设立仲裁委员会应当有自己的名称、住所和依照仲裁法制定的章程，有必要的财产和组成人员，有聘任的仲裁员。

目前我国仲裁委员会主要分为两类，一类是两大国际性的仲裁组织：中国国际经济贸易仲裁委员会和中国海事仲裁委员会。

中国国际经济贸易仲裁委员会是世界上主要的常设商事仲裁机构之一，于1956年4月由中国贸促会组织设立，当时名称为对外贸易仲裁委员会。1988年改名为中国国际经济贸易仲裁委员会，2000年同时启用中国国际商会仲裁院的名称。中国海事仲裁委员会是根据国务院1958年11月21日的决定，于1959年1月22日设立于中国国际贸易促进委员会内，解决国内外海事海商、交通物流以及其他契约性或非契约性争议的常设仲裁机构。

另一类是北京、上海、天津、重庆四个直辖市和各省会城市、经济特区城市以及一些经济相对发达的地级市设立的仲裁委员会。这类仲裁委员会中，像北京仲裁委员会已迅速成长，在国内享有广泛声誉、在国际上亦有一定地位和影响。

（二）仲裁委员会的组成与仲裁员

仲裁委员会由主任1人、副主任2~4人和委员7~11人组成。仲裁委的主任、副主任和委员由法律、经济贸易专家和有实际工作经验的人员担任。其中，法律、经济贸易专家不得少于2/3。

仲裁委员会应当从符合下列条件之一的公道正派的人员中聘任仲裁员：①通过国家统一法律职业资格考试取得法律职业资格，从事仲裁工作满8年的；②从事律师工作满8年的；③曾任法官满8年的；④从事法律研究、教学工作并具有高级职称的；⑤具有法律知识、从事经济贸易等专业工作并具有高级职称或具有同等专业水平。仲裁委员会按照不同专业设仲裁员名册。

三、仲裁协议

仲裁协议是双方当事人在合同中订立的仲裁条款或以其他书面方式达成的请求仲裁委员会在纠纷发生前或者纠纷发生后达成的请求仲裁的协议。仲裁协议包括合同中的仲裁条款和以其他书面仲裁协议。其他书面形式的仲裁协议，包括以合同书、信件和电报传真电子邮件等数据电文的形式达成的请求仲裁的协议。仲裁协议内容应当包括请求仲裁的意思表示、仲裁事项、选定的仲裁委员会。

仲裁协议具有下列情形之一的无效：①约定的仲裁事项超出法律规定的仲裁范围的；②无民事行为能力人或限制民事行为能力人订立的仲裁协议；③一方采取胁迫手段，迫使对方订立仲裁协议的。仲裁协议对仲裁事项或者仲裁委员会没有约定或约定不明确的,当事人可以补充协议;达不成补充协议的,仲裁协议无效。仲裁协议独立存在,合同的变更、解除、终止或者无效,不影响仲裁协议的效力。当事人对仲裁协议的效力有异议的,可以请求仲裁委员会作出决定或法院作出裁定。一方请求仲裁委员会作出决定,另一方请求人民法院作出裁定的,由法院裁定。当事人对仲裁协议的效力有异议,应当在仲裁庭首次开庭前提出。

四、仲裁程序

(一) 申请和受理

当事人申请仲裁应当符合下列条件:①有仲裁协议;②有具体的仲裁请求和事实、理由;③属于仲裁委员会的受理范围。当事人申请仲裁,应当向仲裁委员会递交仲裁协议、仲裁申请书及副本。仲裁申请书应当载明下列事项:①当事人的姓名、住所等信息;②仲裁请求和所根据的事实、理由;③证据和证据来源、证人姓名和住所。

仲裁委员会收到仲裁申请书之日起5日内,认为符合受理条件的,应当受理并通知当事人;认为不符合受理条件的,应当书面通知当事人不予受理并说明理由。仲裁委员会受理仲裁申请后,应当在仲裁规则规定的期限内将仲裁规则和仲裁员名册送达申请人,并将仲裁申请书副本和仲裁规则、仲裁员名册送达被申请人。

被申请人收到仲裁申请书副本后,应当在仲裁规则规定的期限内向仲裁委员会提交答辩书。仲裁委员会收到答辩书后,应当在仲裁规则规定的期限内将答辩书副本送达申请人。被申请人未提交答辩书的,不影响仲裁程序的进行。当事人达成仲裁协议,一方向法院起诉未声明有仲裁协议,法院受理后,另一方在首次开庭前提交仲裁协议的,法院应当驳回起诉,但仲裁协议无效的除外;另一方在首次开庭前未对法院受理该案提出异议的,视为放弃仲裁协议,法院应当继续审理。

(二) 仲裁当事人的权利

申请人可以放弃或变更仲裁请求。被申请人可以承认或反驳仲裁请求，有权提出反请求。一方当事人因另一方当事人的行为或者其他原因，可能使裁决不能执行或难以执行的，可以申请财产保全，仲裁委员会应当将当事人的财产保全申请依照民事诉讼法的有关规定提交法院。申请有错误的，申请人应当赔偿被申请人因财产保全所遭受的损失。

当事人、法定代理人可以向仲裁委员会提交授权委托书，委托律师和其他代理人进行仲裁活动。

(三) 仲裁庭的组成

仲裁庭可以由3名仲裁员或者一名仲裁员组成。由3名仲裁员组成的，设首席仲裁员。当事人约定由3名仲裁员组成仲裁庭的，应当各自选定或各自委托仲裁委员会主任指定一名仲裁员，第三名仲裁员由当事人共同选定或共同委托仲裁委员会主任指定。第三名仲裁员是首席仲裁员。当事人约定由一名仲裁员成立仲裁庭的，应当由当事人共同选定或共同委托仲裁委员会主任指定仲裁员。当事人没有在仲裁规则规定的期限内约定仲裁庭的组成方式或选定仲裁员的，由仲裁委员会主任指定。

仲裁庭组成后，仲裁委员会应当将仲裁庭的组成情况书面通知当事人。仲裁员有下列情形之一的，必须回避，当事人也有权提出回避申请：①是本案当事人或者当事人、代理人的近亲属；②与本案有利害关系；③与本案当事人、代理人有其他关系，可能影响公正仲裁的；④私自会见当事人、代理人，或接受当事人、代理人的请客送礼的。

当事人应当在首次开庭前提出回避申请并说明理由，回避事由在首次开庭后知道的，可以在最后一次开庭终结前提出。仲裁员是否回避，由仲裁委员会主任决定；仲裁委员会主任担任仲裁员时，由仲裁委员会集体决定。

（四）开庭审理

仲裁应当开庭进行。当事人协议不开庭的，仲裁庭可以根据仲裁申请书、答辩书以及其他材料作出裁决。仲裁不公开进行。当事人协议公开的，可以公开进行，但涉及国家秘密的除外。

仲裁委员会应当在仲裁规则规定的期限内将开庭日期通知双方当事人。当事人有正当理由的，可以在仲裁规则规定的期限内请求延期开庭。是否延期，由仲裁庭决定。申请人经书面通知，无正当理由不到庭或未经仲裁庭许可中途退庭的，可以视为撤回仲裁申请。被申请人经书面通知，无正当理由不到庭或未经仲裁庭许可中途退庭的，可以缺席裁决。

当事人在仲裁过程中有权进行辩论。辩论终结时，首席仲裁员或独任仲裁员应当征询当事人的最后意见。仲裁庭应当将开庭情况记入笔录，并由仲裁员、记录人员、当事人和其他仲裁参与人签名或者盖章。

仲裁庭在作出裁决前，可以先行调解。当事人自愿调解的，仲裁庭应当调解。调解不成的，应当及时作出裁决。调解达成协议的，仲裁庭应当制作调解书或者根据协议的结果制作裁决书。调解书与裁决书具有同等法律效力。调解书应当写明仲裁请求和当事人协议的结果。调解书由仲裁员签名，加盖仲裁委员会印章，送达双方当事人。调解书经双方当事人签收后，即发生法律效力。在调解书签收前当事人反悔的，仲裁庭应当及时作出裁决。

（五）仲裁裁决

裁决应当按照多数仲裁员的意见作出，少数仲裁员的不同意见可以记入笔录。仲裁庭不能形成多数意见时，裁决应当按照首席仲裁员的意见作出。裁决书应当写明仲裁请求、争议事实、裁决理由、裁决结果、仲裁费用的负担和裁决日期。当事人协议不愿写明争议事实和裁决理由的，可以不写。裁决书由仲裁员签名，加盖仲裁委员会印章。对裁决持不同意见的仲裁员，可以签名，也可以不签名。

仲裁庭仲裁纠纷时，其中一部分事实已经清楚，可以就该部分先行裁决。对裁决书中的文字、计算错误或者仲裁庭已经裁决但在裁决书中遗漏的事项，仲裁庭应当补正；当事人自收到裁决书之日起30日内，可以请求仲裁庭补正。裁决书自作出之日起发生法律效力。

(六) 申请撤销裁决

当事人自收到裁决书之日起6个月内，有证据证明裁决有下列情形之一的，可以向仲裁委员会所在地的中级人民法院申请撤销裁决：①没有仲裁协议的；②裁决的事项不属于仲裁协议的范围或仲裁委员会无权仲裁的；③仲裁庭的组成或仲裁的程序违反法定程序的；④裁决所根据的证据是伪造的；⑤对方当事人隐瞒了足以影响公正裁决的证据的；⑥仲裁员在仲裁该案时有索贿受贿，徇私舞弊，枉法裁决行为的。

人民法院经组成合议庭审查核实裁决有前款规定情形之一的，或者认定该裁决违背社会公共利益的，应当裁定撤销。人民法院应当在受理撤销裁决申请之日起两个月内作出撤销裁决或驳回申请的裁定。人民法院受理撤销裁决的申请后，认为可以由仲裁庭重新仲裁的，通知仲裁庭在一定期限内重新仲裁，并裁定中止撤销程序。仲裁庭拒绝重新仲裁的，人民法院应当裁定恢复撤销程序。

(七) 执行或不予执行

当事人应当履行生效的仲裁裁决。一方当事人不履行的，另一方当事人可以依照民事诉讼法的有关规定向人民法院申请强制执行。受申请的人民法院应当执行。

被申请人提出证据证明裁决有《民事诉讼法》第213条第2款规定的情形之一的，经人民法院组成合议庭审查核实，裁定不予执行。一方当事人申请执行裁决，另一方当事人申请撤销裁决的，人民法院应当裁定中止执行。人民法院裁定撤销裁决的，应当裁定终结执行。撤销裁决的申请被裁定驳回的，人民法院应当裁定恢复执行。

第三节 劳动争议仲裁

一、劳动争议的概念

劳动争议又称劳资纠纷,是指劳动关系双方当事人因执行劳动法律、法规或履行劳动合同发生的纠纷。劳动争议的特征表现为:主体是特定的劳动关系的双方当事人即用人单位和劳动者;内容特定,涉及为实现劳动关系而产生的包括就业、工资、工作时间等有关劳动权利和义务;客体是劳动关系权利和义务所指向的对象。劳动者的义务是实施劳动行为,用人单位的义务是支付劳动报酬。

二、劳动仲裁的概念与特征

(一)劳动仲裁的概念

劳动争议仲裁,简称劳动仲裁,是指劳动争议仲裁机构对劳动争议当事人争议的事项,根据劳动方面的法律、法规、规章和政策等的规定,依法作出裁决,从而解决劳动争议的纠纷解决方式。劳动争议仲裁是仲裁的一种,不同于一般的商事仲裁,也不同于农业承包合同纠纷仲裁。

(二)劳动仲裁的特征

1. 依据当事人的申请而启动

劳动仲裁程序必须因当事人的申请而启动,不申请不处理,类似于法院"不告不理"的原则。同时,劳动争议的任何一方当事人都可以就双方之间发生的劳动纠纷提出仲裁申请,无需事先达成仲裁协议。

2. 处理的必须是劳动争议

因确认劳动关系发生的争议等由劳动争议仲裁组织依法受理。其他任何争议劳动仲裁不予受理。

3. 是一种准司法性质的行为

劳动仲裁是依照法定的职权和程序，具体应用法律来裁决案件，具有一定的司法性质。

劳动争议适用仲裁解决，是为了维护当事人的合法权益，促进劳动关系的和谐稳定，并减轻法院的工作压力。我国自2001年加入WTO以来，随着工业化、城镇化和经济结构调整进程的加快，企业制度改革不断深化，企业形式和劳动关系日趋多样化，劳动用工制度发生深刻变革，劳动争议案件数量大幅度上升。全国范围内各级劳动仲裁委员会每年都受理了大量的劳动争议案件，在一定程度上减轻了法院的诉讼压力，节约了司法审判资源。

三、劳动仲裁组织

劳动仲裁组织是指依法设立从事劳动争议仲裁的专门机构，即劳动仲裁委员会，是劳动争议仲裁案件的具体负责组织。

2008年3月国家人社部成立，许多地方的劳动与人事争议仲裁委员会也合并成了劳动人事争议仲裁委员会。人社部于2009年1月1日颁布实施《劳动人事争议仲裁办案规则》，同时适用于处理劳动、人事争议。为称呼方便，本书中我们仍称之为"劳动仲裁委"。

（一）劳动仲裁组织的设置规则

设置劳动仲裁委的指导思想是不按行政区划层层设立。设置时应遵循以下具体规则：①省、自治区人民政府可以决定在市、县设立劳动仲裁委；②直辖市人民政府可以决定在其所辖的区和县分别设立劳动仲裁委，也可以在整个市的范围内设立一个劳动仲裁委，或将全市划分为若干个辖区，分别设立若干个劳动仲裁委；③省级人民政府可以决定在各个县、市辖区和不设区的市平铺设立劳动仲裁委，也可以决定在设区的市设立一个劳动仲裁委，或者不按市辖区、县设立若干个劳动仲裁委。

劳动仲裁委由三方代表组成，即由劳动行政部门代表、工会代表和企业方面代表组成，体现了指政府、雇主组织和工会组织通过一定的协作机制共同处理涉及劳动关系的重要问题的劳动关系的三方原则。

（二）劳动仲裁组织的职责

劳动仲裁委的基本职责就是处理本辖区内的劳动争议案件，其裁决劳动争议案件实行仲裁庭制，由仲裁员独立仲裁。具体有四个方面的职责：①聘任、解聘专职或者兼职仲裁员；②受理劳动争议案件；③讨论重大或疑难的劳动争议案件；④对仲裁活动进行监督。

劳动仲裁委还设立了专门的办事机构，负责处理劳动仲裁委的日常接待、受理案件、准备仲裁的日常事务工作。

（三）劳动争议仲裁庭

劳动争议仲裁庭是指劳动仲裁委在受理劳动争议案件后，在已聘任的仲裁员中选择1名或3名组成机构来对劳动争议案件进行裁决，组成的临时性仲裁组织。仲裁庭不是仲裁委员会常设机构，仅是对具体案件进行仲裁的临时性办案组织。

劳动争议仲裁庭的组成有两种形式：合议庭制与独任仲裁庭制。合议庭制由3名仲裁员组成，设1名首席仲裁员。独任仲裁庭制由1名仲裁员组成仲裁庭对简单劳动争议案件进行仲裁。

四、劳动仲裁员

（一）劳动仲裁员的概念

劳动争议仲裁员是指由符合法定条件，经劳动仲裁委依法聘任并列入仲裁员名册，专门从事劳动争议裁决工作的人员，分为专职仲裁员和兼职仲裁员，专职仲裁员是指从劳动行政部门专职从事劳动争议处理工作的人员中聘任的仲裁员。兼职仲裁员是指从劳动行政部门非专职从事劳动争议处理工作的人员、政府其他有关部门的人员、工会工作者、专家学者和律师中聘任的仲裁员。二者在仲裁案件时的职权并无差异。

（二）劳动仲裁员职责

劳动仲裁员的主要职责包括：①接受劳动仲裁委交办的劳动争议

案件，参加仲裁庭；②进行调查取证；③根据法律法规章政策，提出处理方案；④对争议当事人双方进行调解工作，促使当事人达成和解协议；⑤审查申请人的撤诉请求。

（三）劳动仲裁员资格

劳动仲裁员的任职条件包括道德素养和业务素质两个方面。劳动仲裁员在道德素养方面应该公道正派，在业务素质上要具备下列条件之一：①曾任审判员；②从事法律研究、教学工作并具有中级以上职称；③具有法律知识、从事人力资源管理或者工会等专业工作满5年；④律师执业满3年。

（四）劳动仲裁员的聘任与解聘

1. 劳动仲裁员的聘任

劳动仲裁员的聘任与解聘均由劳动仲裁委进行。专职仲裁员由劳动仲裁委专门从事劳动争议处理工作的人员中聘任。兼职仲裁员由劳动仲裁委从劳动行政部门、人事行政部门或者其他行政部门的人员、曾任审判员的人员、工会工作者、专家、学者和律师中聘任。劳动仲裁员每次聘期为3年，在同一时间内只能被一个劳动仲裁委聘任。

2. 劳动仲裁员的解聘

劳动仲裁员在聘任期内因工作调动或其他原因，不能履行仲裁员职责的，劳动仲裁委应予解聘。劳动仲裁委委员离任后，其仲裁员资格即行消失，被聘任为仲裁员的，由劳动仲裁委予以解聘。

（五）劳动仲裁员名册

劳动仲裁员名册是由劳动仲裁委编制的仲裁员名单。仲裁员由劳动仲裁委从符合仲裁员条件的人员中聘任。劳动仲裁委应当将聘任的专职和兼职仲裁员制作名册，并可以按照劳动、人事、工会等不同专业方向制作仲裁员名册，并予以公示，以便当事人选择仲裁员。仲裁员由当事人各自选定或者共同选定，或者各自委托或共同委托劳动仲裁委主任来指定。

五、劳动争议仲裁参加人

劳动争议仲裁参加人是指与劳动争议仲裁案件具有法律上的利害关系，参加案件的仲裁，依法行使仲裁权利、履行仲裁义务的自然人、法人或其他组织。包括劳动争议仲裁当事人、代理人及代表人。

（一）当事人

劳动争议仲裁当事人是指因劳动权益纠纷，以自己的名义参加劳动争议仲裁活动，请求保护自己的合法权益，并受劳动仲裁委仲裁裁决约束的直接利害关系人。主要包括申请人、被申请人、共同当事人以及第三人。

1. 申请人与被申请人

在仲裁程序中，必不可少的当事人就是申请人和被申请人。申请人是指认为自己的权益受到侵害或与对方发生争议，为了保护自己的权益，以自己的名义依法向劳动仲裁委提出仲裁申请，从而引起仲裁程序发生的当事人。被申请人是指因申请人向劳动仲裁委申诉其侵害了申请人的合法权益，或者对这些权益发生争议，而被劳动仲裁委通知应诉的人。

2. 共同当事人与第三人

共同当事人是指劳动争议仲裁的当事人一方或双方为二人以上，仲裁的标的属于同一类或相同，通过同一仲裁程序解决劳动争议的当事人。当劳务派遣单位或者用工单位与劳动者发生劳动争议，劳务派遣单位和用工单位为共同当事人。

第三人是指与劳动争议案件的处理结果有法律上的利害关系，在仲裁程序开始后，主动申请参加或者由劳动仲裁委通知其参加进来，以维护自己的合法权益的用人单位或劳动者。如用人单位招用与其他用人单位尚未解除或终止劳动合同的劳动者，给其他用人单位造成损失的，应当承担连带赔偿责任。在这种情形下，原用人单位与劳动者产生劳动争议申请劳动争议仲裁的，可以把新用人单位列为第三人，有利于查明事实，及时公正地处理案件。

3. 当事人的权利和义务

当事人享有包括提出仲裁申请、委托代理人参加仲裁、申请回避、提出答辩、提供证据、和解、调解等权利。当事人应承担依法行使仲裁权利、遵守仲裁秩序、服从仲裁机构的指挥和安排、执行生效仲裁裁决等义务。

(二) 代理人与代表人

劳动争议仲裁代理人是指为维护被代理人的利益，根据当事人的委托、法律的规定或劳动仲裁机构的指定，以被代理人的名义参加到仲裁程序中，代替或帮助被代理人实施仲裁行为的人。包括委托仲裁代理人、法定仲裁代理人、指定仲裁代理人三种。

劳动争议仲裁代表人是指发生劳动争议的劳动者一方在10人以上，并有共同请求的案件中，被推举出来代表参加仲裁活动的当事人。近年来集体劳动争议案件数量大幅度增长，成为近年来的社会热点与焦点问题。发生劳动争议的劳动者一方在10人以上，并有共同请求的，可以推举代表参加调解、仲裁或者诉讼活动。代表人参加仲裁的行为对其所代表的当事人发生效力，但代表人变更、放弃仲裁请求或承认对方当事人的仲裁请求，进行和解，必须经被代表的当事人同意。

六、管辖与时效

(一) 仲裁管辖

劳动争议仲裁管辖是指确定各个劳动仲裁委审理劳动争议案件的分工和权限，即明确当事人应当到哪一个劳动仲裁委员会提出仲裁申请并受理的法律制度。管辖是劳动争议仲裁申请和受理的前提，继而才能启动仲裁程序，解决劳动纠纷。

劳动争议仲裁管辖应遵循的原则如下。

1. 一般地域管辖原则

劳动仲裁委负责管辖本区域内发生的劳动争议。劳动争议由劳动合同履行地或用人单位所在地的劳动仲裁委管辖。

2. 特殊地域管辖原则

发生劳动争议的劳动者和用人单位分别向劳动合同履行地或用人单位所在地的劳动仲裁委申请仲裁的，只能由劳动合同履行地的劳动仲裁委管辖。因此，我国的劳动争议仲裁实行的是特殊地域管辖。

3. 移送管辖原则

即劳动仲裁委将已经受理的无管辖权的劳动争议案件移送给有管辖权的劳动仲裁委。劳动仲裁委发现受理的劳动争议案件不属于本仲裁委管辖时，应当移送有管辖权的劳动仲裁委。

（二）仲裁时效

劳动争议仲裁时效属于消灭时效，是指劳动争议当事人应当于一定期间内请求劳动争议仲裁机构保护其民事权利，否则就丧失胜诉权的法律制度。劳动争议仲裁时效期间从当事人知道或应当知道其权利被侵害之日起计算。

1. 一般规定

《劳动法》规定发生劳动争议适用60日的仲裁时效。《劳动仲裁法》参照《民法通则》关于特殊民事权利的诉讼时效为1年的规定，延长了申请仲裁的时效期间。

2. 特别规定

在有些情况下，1年的时效期间还不能保护劳动者的合法权益。劳动关系存续期间因拖欠劳动报酬发生争议的，劳动者申请仲裁不受1年仲裁时效期间的限制。但对于劳动者与用人单位的劳动关系已经终止的，则不存在维系劳动关系的顾虑，因此，仍然应当自劳动关系终止之日起1年内提出。

七、裁决的效力

劳动争议仲裁裁决作出后，当事人对裁决不服的，除几类特殊劳动争议外，可以向法院起诉。劳动争议仲裁的裁决并非都是终局性的。

（一）一裁终局

一裁终局制度是劳动争议经仲裁庭裁决后即行终结的制度。适用一裁终局的有两类：一是小额仲裁案件；二是标准明确的仲裁案件。这两类案件在全部劳动争议案件总数中所占比例较大，一裁终局可以解决多数劳动争议案件处理周期长的问题。

小额仲裁案件有金额限制，不超过当地月最低工资标准12个月金额。根据人社部网站2019年7月24日公布的数据，上海市月最低工资标准在全国最高，为2480元，12个月金额为29 760元。按这一标准，在上海法院适用小额仲裁案件的最高金额也不到3万元。

小额仲裁案件包括追索劳动报酬、工伤医疗费、经济补偿、赔偿金四种案件。

（二）一裁两审——当事人起诉

1. 劳动者特有的诉权

对于法律规定的一裁终局的小额仲裁案件和标准明确的仲裁案件，用人单位和劳动者具有不同的救济途径：用人单位可以依据《劳动仲裁法》第49条之规定申请撤销仲裁裁决；劳动者对裁决不服可以直接向法院起诉。这里要注意：①对裁决不服的起诉者只能是劳动者，用人单位不能直接起诉；②只要劳动者对裁决不服的就可以起诉，劳动者对诉与不诉有选择权；③诉讼期间是自收到裁决书之日起15日内；④劳动者期满不起诉的，视为放弃诉权，裁决书对劳动者发生法律效力。

2. 双方当事人都有权起诉的案件

对于一裁终局以外的其他劳动争议仲裁案件，裁决作出后，并不立即发生法律效力。任何一方当事人如果不服裁决，都享有诉权，可以自收到裁决书之日起15日内向人民法院提起诉讼。所谓一裁终局以外的其他劳动争议是指，除《劳动仲裁法》第47条明文规定的小额仲裁案件、标准明确的仲裁案件之外的其他劳动争议的案件。此类案件，采用的就是所谓"一裁两审，仲裁前置"的争议解决模式。

15日的起诉期限届满,当事人不起诉的,裁决书就发生法律效力。当事人不能就同一争议事项再向人民法院起诉,也不能再申请仲裁机构仲裁,应当依法履行生效的裁决书。一方逾期不履行的,另一方可以向人民法院申请执行。

(三) 裁决的撤销

用人单位对裁决不服的,可以在收到裁决书之日起30日,向有管辖权的人民法院即劳动仲裁委所在地的中级人民法院申请撤销裁决,用人单位必须有证据证明一裁终局的仲裁裁决有《劳动仲裁法》第49条规定应予撤销的情形。

法院经组成合议庭审查核实裁决有上述规定情形之一的,应当裁定撤销。裁决被人民法院裁定撤销的,自始无效,劳动争议仍未解决。当事人可以自收到裁定书之日起15日内就该劳动争议事项向人民法院起诉。

(四) 裁决的履行与执行

一裁终局的裁决书自作出之日起生效。当事人对有权起诉的裁决不服,期满不起诉的,裁决书也生效。仲裁庭作出的调解书经双方当事人签收后发生法律效力。生效的调解书和裁决书均具有强制执行力,当事人应当履行。一方逾期不履行生效调解书和裁决书的,另一方可以在两年内依法向被执行人住所地或被执行财产所在地人民法院申请强制执行。

仲裁过程中可以适用先予执行制度。追索劳动报酬、工伤医疗费、经济补偿或赔偿金的案件,经当事人申请,可以由仲裁庭作出裁决,由人民法院执行。先予执行制度是为了满足申请人的迫切需要,必须在裁决之前采取措施,以解燃眉之急。但是,先予执行必须符合条件,即当事人之间权利义务关系明确,不先予执行将严重影响申请人的生活。

第四节　农村土地承包经营纠纷解决

一、农村土地承包经营纠纷概述

实行家庭承包，签订承包合同并取得土地承包经营权证后，土地承包经营权是作为一种物权存在的，我国物权法专门予以明确保护。家庭承包合同纠纷体现为土地承包经营权的纠纷，但不管是家庭承包经营权受到侵害，还是其他形式承包合同发生纠纷，都可以采取多种方式解决。

（一）纠纷的概念与特点

农村土地承包经营纠纷，是因农村土地在承包经营过程中发生的纠纷，即当事人之间因承包土地的使用、收益、流转、调整、收回以及承包合同的履行等所产生的争议。

1. 合同当事人具有特定性

即当事人一方为发包方，是指有权代表农民集体土地所有者行使经营、管理职能的村集体经济组织、村民委员会、村民小组。另一方为承包方，是指向发包方承包土地进行经营的主体。

2. 权利义务具有特定性

发包方享有发包土地、监督承包方依法依约合理利用和保护土地、制止承包方损害承包地和农业资源的行为等权利；同时承担维护承包方的土地承包经营权、尊重承包方的生产经营自主权等义务。承包方依法享有承包地使用、收益和土地承包经营权流转的权利；同时应承担维持土地的农业用途、不得用于非农建设、依法保护和合理利用土地等义务。

（二）纠纷的类型

农村土地承包纠纷属于民事纠纷，包括承包合同纠纷、承包经营权侵权纠纷、承包经营权流转纠纷、承包经营权继承纠纷以及承包地征收补偿费用分配纠纷等。具体而言，包括以下几类：①因订立、履行、变更、解除和终止农村土地承包合同发生的纠纷；②因农村土地承包经营权转包、出租、互换、转让、入股等流转发生的纠纷；③因收回、调整承包地发生的纠纷；④因确认农村土地承包经营权发生的纠纷；⑤因侵害农村土地承包经营权发生的纠纷；⑥法律、法规规定的其他类型的农村土地承包经营纠纷。

（三）处理纠纷的法律依据

《农村土地承包法》第51条是有关农村土地承包经营纠纷解决途径的规定，处理程序分别有自行协商、申请调解、申请仲裁和提起诉讼。

发生纠纷后，承包方、发包方等当事人之间可以通过和解达成协议，解决纠纷。当事人可以请求村委会、乡镇政府等有关部门从中调解，由村委会、乡镇政府作为独立的第三方居中调解。当事人通过前面的和解、调解等方式达不成和解或调解协议，或当事人不愿和解、调解的，则可以向农村土地仲裁委员会申请仲裁，也可以直接向有管辖权的法院提起诉讼，通过司法判决的方式解决纠纷。

2009年6月27日通过并于2010年1月1日开始实施《农村土地承包经营纠纷调解仲裁法》（以下简称《农村土地仲裁法》）。各地调解仲裁机构成立后，依法规范开展工作，及时高效地解决了一大批农村土地承包经营纠纷。截至2015年年底，受理农村土地承包经营纠纷144.43万件，为维护农村社会的和谐稳定发挥了主渠道作用。我国也已基本建立了"乡村调解、县市仲裁"的农村土地承包经营纠纷调解仲裁体系。

二、纠纷的协商与调解

（一）纠纷的协商和解

农村土地承包经营纠纷的协商是指发生争议的发包方与承包方通过自行协商，从而使当事人的矛盾得以化解，自愿就争议事项达成协议，使纠纷及时得到解决的一种活动。协商和解成功后，当事人双方应当签订和解协议。

协商是解决农村土地承包经营纠纷的一个环节，但不是处理纠纷的必经程序。双方可以协商，也可以不协商，完全是建立在自愿的基础上。任何一方或第三方都不得强迫另一方当事人进行协商。如果当事人不愿协商、协商不成或达成和解协议后不履行的，另一方当事人仍然可以向有关部门申请调解，或者向仲裁机构申请仲裁。

此外，当事人申请仲裁后，也可以自行和解。达成庭外和解协议的，可以请求仲裁庭根据和解协议作出裁决，也可以撤回仲裁申请。

(二) 纠纷的调解解决

农村土地承包经营纠纷的调解是指在村委会、乡镇政府或农村土地承包仲裁庭的主持下，在双方当事人自愿的基础上，根据法律、法规、规章和政策，劝导当事人化解矛盾，自愿就争议事项达成协议，使纠纷得到及时解决的一种活动。

发生纠纷后，当事人不愿协商、协商不成或达成和解协议后不履行的，可以向有关调解组织申请调解。农村土地承包经营纠纷的调解组织包括：一是村民委员会；二是乡镇人民政府；三是对农村土地承包经营纠纷案件进行仲裁的仲裁庭。

1. 基层自治组织或政府的调解

基层自治组织或政府的调解是指发生农村土地承包经营纠纷后，当事人将纠纷事项申请提交村委会或乡镇政府进行调解并达成协议，由村委会或乡镇政府制作具有法律效力的调解协议书。

2. 农村土地承包仲裁庭的调解

仲裁庭对农村土地承包经营纠纷应当进行调解。调解达成协议的，仲裁庭应当制作调解书；调解不成的，应当及时作出裁决。调解书应当写明仲裁请求和当事人协议的结果。调解书由仲裁员签名，加盖农村土地承包仲裁委员会印章，送达双方当事人。调解书经双方当事人签收后，即发生法律效力。在调解书签收前当事人反悔的，仲裁庭应当及时作出裁决。

三、纠纷的仲裁解决

农业承包合同纠纷涉及国家对农村或农业的基本政策、广大农民的利益和国家的稳定，所以农业承包合同纠纷仲裁不同于一般民事纠纷的仲裁。农村土地承包仲裁是指农村土地承包仲裁机构对当事人争议的事项，根据农村土地承包的法律、法规、规章和政策等规定，依法作出裁决，从而解决争议的一项法律制度。农村土地承包仲裁具有维护当事人的合法权益，促进农村土地承包关系的和谐稳定，减轻人民法院的工作压力、节约司法审判资源等作用。

（一）仲裁组织

农村土地承包仲裁组织是指依法设立从事农村土地承包经营纠纷仲裁的专门机构。它包括农村土地承包仲裁委员会及其办事机构，由仲裁员共同组成的处理农村土地承包经营纠纷的组织机构。

1. 仲裁组织的设置

《农村土地仲裁法》专门规定了农村土地承包土地仲裁委（以下简称土地仲裁委）的设立、构成、职责等。设置土地仲裁委的一个总的原则就是"根据纠纷解决的实际需要、在当地政府指导下设立"。土地仲裁委既可以在县和不设区的市设立，也可以在设区的市或者其市辖区设立。

同时，土地仲裁委应当在当地政府的指导下设立，当地政府对本行政区域的农村土地承包仲裁工作进行指导，也承担着对农村土地承包经营纠纷处理工作的业务指导职能。但这种"指导"只能是一种全局性的工作业务的指导，不应介入具体个案处理，这样才能保证各土地仲裁委的独立性。截至2016年3月底，全国已设立土地仲裁委2476个，占涉农区县总数的89.6%。各地土地仲裁委组成人员38 974人，聘用仲裁员达48 672人，比2015年增长10.7%，仲裁人员培训5.9万人次。

2. 仲裁组织的组成

为体现公平、公正，在人员组成方面，也对政府、组织、农民代表等几方利益进行了平衡。土地仲裁委由当地人民政府及其有关部门代表、有关人民团体代表、农村集体经济组织代表、农民代表和法律、经济等相关专业人员兼任组成。其中农民代表和法律、经济等相关专业人员不得少于组成人员的1/2。这是一种由各方组织通过一定的协作机制共同处理涉及农村土地承包经营纠纷重要问题的原则，这一原则可以确保在仲裁时听取多方面的意见，并获得多方面的协调与支持，对处理重大疑难案件尤为重要。

土地仲裁委设主任1人、副主任1～2人和委员若干人。主任、副主任由全体组成人员选举产生。土地仲裁委的日常事务工作，包括日常接待、案件受理、仲裁准备等工作，由当地农村土地承包管理部门承担。

3. 仲裁组织的职责

土地仲裁委的基本职责就是处理本辖区内的农村土地承包经营纠纷案件，其裁决案件实行仲裁庭制，由仲裁员独立仲裁。土地仲裁委的职责包括：一是聘任、解聘仲裁员；二是受理农村土地承包经营纠纷案件的仲裁申请；三是对仲裁活动进行监督。

4. 仲裁员

农村土地承包仲裁员是指由符合法定条件，经土地仲裁委依法聘任并列入仲裁员名册，专门从事农村土地承包经营纠纷裁决工作的人员。土地仲裁委应当依法制定仲裁组织的章程，对仲裁组织组成人员的产生方式及任期、议事规则等作出规定。农村土地承包经营纠纷仲裁规则和示范章程，由国务院农业、林业行政主管部门依照法律共同制定。

仲裁员的任职条件包括道德素养和业务素质两个方面。在道德素养方面，仲裁员应该公道正派，以保证仲裁裁决的公信力。在业务素质上，仲裁员要具备下列条件之一：①从事农村土地承包管理工作满5年；②从事法律工作或人民调解工作满5年；③在当地威信较高，是当地熟悉农村土地承包法律以及国家政策的居民。要么属于长期接触各种纠纷案件，具有专业的农村土地承包法律知识和相对丰富的处理纠纷的经验，要么具有一定的法律、业务知识及分析、解决问题和独立办案的工作能力，能够胜任仲裁工作。

5. 仲裁庭

我国农村土地承包仲裁案件实行仲裁庭制。仲裁庭是指土地仲裁委在受理纠纷案件后，在已聘任的仲裁员中选择1名或3名来对案件进行裁决所形成的临时性组织。仲裁庭在土地仲裁委领导下处理案件，但不是土地仲裁委常设机构，仅是对具体案件进行仲裁的临时性的办案组织。

根据法律规定，仲裁庭的组成有两种形式：合议庭与独任仲裁庭。具体组织形式与其他仲裁类似。

（二）仲裁程序

这里只介绍农村土地承包仲裁管辖与时效，仲裁程序中有关案件的申请和受理、组成仲裁庭、开庭审理和裁决的部分也类似于普通的商事仲裁，这里也不重复了。

1. 管辖

农村土地承包仲裁管辖，是指确定各个土地仲裁委审理农村土地承包经营纠纷案件的分工和权限，即明确当事人应当到哪一个土地仲裁委提出仲裁申请，由哪一个土地仲裁委来受理的法律制度。解决管辖问题，是仲裁申请和受理的前提。农村土地承包仲裁管辖主要依据的是两便原则，即方便当事人申请仲裁与方便仲裁组织审理案件的原则。《农村土地仲裁法》第21条规定："当事人申请仲裁，应当向纠纷涉及的土地所在地的农村土地承包仲裁委员会递交仲裁申请书。"因此，现行农村土地承包仲裁管辖应遵循的是一般地域管辖原则。发生纠纷的当事人必须向有管辖权的土地仲裁委申请仲裁。

2. 时效

农村土地承包仲裁时效属于消灭时效，是指当事人应当于一定期间请求仲裁机构保护其民事权利，否则就丧失胜诉权的法律制度。

关于仲裁时效的期间，2010年制定《农村土地仲裁法》时，将农村土地承包经营纠纷申请仲裁的时效期间规定为两年，从当事人知道或者应当知道其权利被侵害之日起计算。这主要是因为1986年《民法通则》规定的一般民事权利时效为两年，特殊的民事权利诉讼时效为一年。但2017年10月1日正式实施的《民法总则》又把民事权利时效统一规定为3年，这是我们要注意的。

走完仲裁程序，土地仲裁委将裁决书送达当事人，并告知当事人不服仲裁裁决的起诉权利、期限。当事人不服仲裁裁决的，可以自收到裁决书之日起30日内向法院起诉。逾期不起诉的，裁决书即发生法律效力。

【推荐读物】

1. 现代社会的纠纷解决．何兵．法律出版社2003年版。
2. 农业政策法规．曾玉荣．国家开放大学出版社2019年版。
3. 纠纷解决的理论与实践．范愉．清华大学出版社2007年版。
4. 劳动争议处理．张禄兴．中央广播电视大学出版社2014年版。
5. 利害的分配——我们身边的法律．何兵．上海三联书店2005年版。
6. 非诉讼纠纷解决机制研究．范愉．中国人民大学出版社2000年版。
7. 法眼观庭——穿行于教授和法官之间．吕忠梅．北京大学出版社2006年版。
8. 劳动争议调解、仲裁和审判制度改革研究．侯海军．法律出版社2011年版。
9. 仲裁法：从1996年英国仲裁法到国际商务仲裁．杨良宜等．法律出版社2006年版。
10. 程序、正义与现代化——外国法学家在华演讲录．宋冰．中国政法大学出版社1998年版。

第四编

法律机构与法律职业

导　语

　　法律是对人们的权利和义务的调整，很大程度上是需要通过具体的法律机构和法律职业来实现的。很多人未必对法律的概念有精准的认识，但当他拿着一份法官作出的关于他自身权利的法院的判决书，或是经过律师提供的辩护或代理，实现了自己的权利，他对法律的认识会因为这些法律机构或律师、法官这些法律职业而更加深刻。更不用说近些年国产电视剧《人民的名义》《离婚律师》《精英律师》给他们普及的法律职业知识。

　　人民法院是我国的审判机关，人民检察院是我国的法律监督机关，分别依法独立行使审判权和检察权。律师事务所是律师依法为当事人提供社会法律服务，开展日常业务活动的执业机构。我们学习了法律理论，学习了关于权利义务的实体法和诉讼程序法后，还要进一步认识律师、法官、检察官等法律职业和法院、检察院以及律师事务所等法律机构。

　　本编包括第八章法律机构、第九章法律职业。法律机构主要介绍我国宪法明确规定的两大司法机关：人民法院与人民检察院。其中，重点介绍近几年司法体制改革的新成果：法院主要是新设立的最高人民法院巡回法庭、知识产权法院、互联网法院等新型法院；检察院主要介绍职务犯罪侦查职能转属监察委员会后，四大检察和十大业务。公安机关等侦查机关、监察体制改革后的监察委员会，不作为司法机关介绍。对律师事务所主要介绍我国目前的主要类型，它的设立、权利和义务。法律职业主要介绍狭义的三种，即律师、法官和检察官。

第八章　法律机构

┃本章重要概念和术语┃

司法机关　人民法院　人民检察院　最高人民法院巡回法庭
知识产权法庭　金融法院　互联网法院　独任制　合议庭　审判委员会
四大检察　十大业务　律师执业机构　律师事务所　合伙所　个人所

第一节　司法机关

人民法院与人民检察院都是我国的司法机关。人民法院是我国的审判机关，人民检察院是我国的法律监督机关，分别依法独立行使审判权和检察权，不受行政机关、社会团体和个人的干涉。

我国于1979年通过了《人民法院组织法》和《人民检察院组织法》，后经1983年、1986年、2006年三次修正，2018年最新修订后于2019年1月1日起施行。

一、人民法院的组织体系和职权

人民法院分为最高人民法院、地方各级人民法院、专门人民法院。

地方各级人民法院分为高级人民法院、中级人民法院和基层人民法院。

高级人民法院包括全国22个省、5个自治区、4个直辖市高级人民法院，负责审理下列案件：①法律规定由其管辖的第一审案件；②下级人民法院报请审理的第一审案件；③最高人民法院指定管辖的第一审案件；④对中级人民法院的判决和裁定的上诉、抗诉案件；⑤按照审判监督程序提起的再审案件；⑥中级人民法院报请复核的死刑案件。新疆维吾尔自治区高级人民法院生产建设兵团分院也具有高级法院的审级地位。

中级人民法院包括省或自治区辖市、自治州中级人民法院，即在直辖市内或省、自治区内按地区设立的中级人民法院，审理下列案件：①法律规定由其管辖的第一审案件；②基层人民法院报请审理的第一审案件；③上级人民法院指定管辖的第一审案件；④对基层人民法院判决和裁定的上诉、抗诉案件；⑤按照审判监督程序提起的再审案件。

基层人民法院包括县、自治县、不设区的市、市辖区人民法院，审理普通第一审案件。下面，我们重点介绍近些年最高人民法院机构设置改革的新成果和在各地新成立的专门人民法院。

（一）最高人民法院

最高人民法院是我国最高审判机关。

1. 最高人民法院内设机构与职权

内部设置机构包括立案庭、刑事审判第一庭至刑事审判第五庭、民事审判第一庭至民事审判第四庭、环境资源审判庭、行政审判庭、审判监督庭等业务庭室，负责审理各类案件，制定司法解释对属于审判工作中具体应用法律的问题进行解释，发布指导性案例，监督地方各级人民法院和专门人民法院的审判工作，并依照法律确定的职责范围，管理全国人民法院的司法行政工作。最高人民法院审理下列案件：①法律规定由它管辖的和它认为应当由自己审判的第一审案件；②对高级人民法院、专门人民法院判决、裁定的上诉、抗诉、申请再审与申诉案件；③最高人民检察院按照审判监督程序提出的抗诉案件；④核准本院判决以外的死刑案件；⑤依法审理国家赔偿案件，决定国家赔偿；⑥核准法定刑以下判处刑罚的案件。

除审判案件外，最高人民法院还设立执行局（执行指挥办公室），负责统一管理、监督、统一协调全国人民法院的执行工作。

2. 最高人民法院巡回法庭

最高人民法院巡回法庭是最高人民法院派出的，在巡回区审理最高人民法院依法确定的重大行政和民商事案件及刑事申诉案件的常设审判机构。

2015年1月28日、31日，最高人民法院第一、二巡回法庭在深圳、沈阳率先挂牌成立。2016年11月1日，最高人民法院在南京、郑州、重庆、西安增设第三至第六巡回法庭。

第一巡回法庭设在广东省深圳市，巡回区为广东、广西、海南、湖南四省区。

第二巡回法庭设在辽宁省沈阳市，巡回区为辽宁、吉林、黑龙江三省。

第三巡回法庭设在江苏省南京市，巡回区为江苏、上海、浙江、福建、江西五省市。

第四巡回法庭设在河南省郑州市，巡回区为河南、山西、湖北、安徽四省。

第五巡回法庭设在重庆市，巡回区为重庆、四川、贵州、云南、西藏五省区市。

第六巡回法庭设在陕西省西安市，巡回区为陕西、甘肃、青海、宁夏、新疆五省区。

北京、天津、河北、山东、内蒙古等五省区市有关案件由最高人民法院本部直接受理。

巡回法庭审理或办理巡回区内应当由最高人民法院受理的以下案件：

（1）全国范围内重大、复杂的第一审行政案件；

（2）在全国有重大影响的第一审民商事案件；

（3）不服高级人民法院作出的第一审行政或民商事判决、裁定提起上诉的案件；

（4）对高级人民法院作出的已生效的行政或民商事判决、裁定、调解书申请再审的案件；

（5）刑事申诉案件；

（6）依法定职权提起再审的案件；

（7）不服高级人民法院作出的罚款、拘留决定申请复议的案件；

（8）高级人民法院因管辖权问题报请最高人民法院裁定或者决定的案件；

（9）高级人民法院报请批准延长审限的案件；

（10）涉港澳台民商事案件和司法协助案件。

以及最高人民法院认为应当由巡回法庭审理或者办理的其他案件。

知识产权、涉外商事、海事海商、死刑复核、国家赔偿、执行案件和最高人民检察院抗诉的案件暂由最高人民法院本部审理或者办理。

六个巡回法庭都是最高人民法院的组成部分，巡回法庭的判决、裁定和决定即最高人民法院的判决、裁定和决定。

3. 最高人民法院专门法庭

（1）国际商事法庭。国际商事法庭是最高人民法院负责审理国际商事案件而设立的常设审判机构。其设立是适应新时代加强国际法治合作，为"一带一路"建设提供公正高效司法服务和法治保障的重大举措。2018年6月29日，最高人民法院第一、第二国际商事法庭在深圳、西安分别正式成立并揭牌办公。具体管辖：①当事人依照《民事诉讼法》第34条的规定协议选择最高人民法院管辖且标的额为人民币3亿元以上的第一审国际商事案件；②高级人民法院对其所管辖的第一审国际商事案件，认为需要由最高人民法院审理并获准许的；③在全国有重大影响的第一审国际商事案件；④当事人协议选择最高人民法院选定符合条件的国际商事仲裁机构仲裁，在申请仲裁前或者仲裁程序开始后，向国际商事法庭申请证据、财产或者行为保全，申请撤销或者执行国际商事仲裁裁决的；⑤最高人民法院认为应当由国际商事法庭审理的其他国际商事案件。

所谓国际商事案件，是指具有下列情形之一的商事案件：①当事人一方或者双方是外国人、无国籍人、外国企业或者组织的；②当事人一方或者双方的经常居所地在中国领域外的；③标的物在中国领域外的；④产生、变更或者消灭商事关系的法律事实发生在中国领域外的。

国际商事法庭审理案件，由三名或者三名以上法官组成合议庭。国际商事法庭法官由最高人民法院在具有丰富审判工作经验，熟悉国际条约、国际惯例以及国际贸易投资实务，能够同时熟练运用中文和英文作为工作语言的资深法官中选任。

（2）知识产权法庭。知识产权法庭是最高人民法院负责审理全国范围内的专利等专业技术性较强的知识产权上诉案件而派出的常设审判机构。其设立旨在进一步统一知识产权案件裁判标准，依法平等保护各类市场主体合法权益，加大知识产权司法保护力度，优化科技创新法治环境，加快实施创新驱动发展战略。

根据全国人民代表大会常务委员会《关于专利等知识产权案件诉讼程序若干问题的决定》、最高人民法院《关于知识产权法庭若干问题的规定》，最高人民法院知识产权法庭在北京市设立，并于2019年1月1日挂牌办公。具体管辖：

①不服高级人民法院、知识产权法院、中级人民法院作出的发明专利、实用新型专利、植物新品种、集成电路布图设计、技术秘密、计算机软件、垄断第一审民事案件判决、裁定而提起上诉的案件；

②不服北京知识产权法院对发明专利、实用新型专利、外观设计专利、植物新品种、集成电路布图设计授权确权作出的第一审行政案件判决、裁定而提起上诉的案件；

③不服高级人民法院、知识产权法院、中级人民法院对发明专利、实用新型专利、外观设计专利、植物新品种、集成电路布图设计、技术秘密、计算机软件、垄断行政处罚等作出的第一审行政案件判决、裁定而提起上诉的案件；

④全国范围内重大、复杂的前面第①—③项所称第一审民事和行政案件；

⑤对前面第①—③项所称第一审案件已经发生法律效力的判决、裁定、调解书依法申请再审、抗诉、再审等适用审判监督程序的案件；

⑥前面第①—③项所称第一审案件管辖权争议、罚款、拘留决定申请复议，报请延长审限等案件；

⑦最高人民法院认为应当由知识产权法庭审理的其他案件。

（二）专门人民法院

专门人民法院是指为审理专业案件而成立的专业法院或根据实际需要而在特定部门成立的审理特殊案件的法院。中华人民共和国成立后设立的专门法院主要是军事法院、铁路运输法院、海事法院。党的十八大司法改革提速后，适应当前经济社会发展的需要，落实党的十八届三中全会决定，全面深化司法改革取得重大措施，我国先后设立了知识产权法院、金融法院、互联网法院等专门法院。

1. 军事法院

军事法院是国家设立在军队的审判机关，负责审判现役军人刑事犯罪案件和军内民事纠纷案件。

据最高人民法院2019年发布的《中国法院的司法改革（2013-2018）》白皮书披露，根据中央统一部署，由过去按照军兵种和系统设置的模式改革为主要按照战区设置的我国军事法院组织体系已改革完成。

改革后新的军事法院组织体系包括：中国人民解放军军事法院为高级法院层级；中国人民解放军东部战区军事法院，南部战区军事法院，西部战区第一、第二军事法院，北部战区军事法院，中部战区军事法院，总直属军事法院为中级人民法院层级；中国人民解放军上海军事法院、南京军事法院、杭州军事法院等26个军事法院为基层人民法院层级。

2. 铁路运输法院

铁路运输法院是设在铁路运输部门，对在铁路沿线民事纠纷、刑事犯罪案件具有管辖权的审判机关。

计划经济时代，铁路是关系到国计民生的大动脉，且铁路运输具有跨区域流动等特点，为了及时有效打击危害铁路运输的犯罪行为，我国于1953年即开始仿效苏联司法体制，设立了"铁路沿线专门法院",1955年又更名为"铁路运输法院"。改革开放后,随着铁路的重要性再次凸显,铁路法院的重建于1980年正式启动,并于1982年全面恢复运行。其管辖范围则由原来仅仅局限于涉及铁路运输、安全和财产的刑事诉讼,进一步扩大到涉及铁路的民事诉讼。且增设了铁路运输高级法院,其架构由两级变为三级,独立的铁路司法体系由此正式成型。1987年铁路运输高级法院被撤销,保留设在各铁路局所在地的铁路运输中级人民法院,以及设在各铁路分局所在地的铁路运输基层法院。

党的十八大之后,铁路司法体制改革加速。铁路法院整体转制如期完成,17个铁路中级人民法院、58个铁路基层法院与铁路企业全部剥离,划归当地省份。3700多名铁路法院干警也转变了隶属关系。

3. 海事法院

海事法院来源于原来的水上运输法院,以海商事纠纷为管辖标准,以河海港口为基础架构,专司管辖一审海事案件和海商案件,其级别相当于中级人民法院。

1984年,全国人民代表大会常务委员会通过"关于在沿海港口城市设立海事法院的决定"后,我国分五次在天津、大连、上海、宁波、厦门、青岛、武汉、广州、海口、北海10个港口城市,设立了10个海事法院。为促进长江经济带发展、长三角区域一体化发展,推进海洋强国战略实施和高质量共建"一带一路"提供有力司法服务和保障,2019年12月6日最新设立的南京海事法院正式办公运行。

此外,在沿海沿江重要港口城市,还陆续设立了近40余个海事法院派出法庭,有效覆盖了全部港口和水域。我国也由此成为世界上设立海事审判机构最多、海事审判力量最强的国家。

4. 知识产权法院

知识产权法院是国家成立的负责审理专利、著作权、商标及不正当竞争等知识产权案件的专门法院。

为推动实施国家创新驱动发展战略,加大知识产权司法保护力度,提高知识产权审判水平的需要,对技术性、专业性、区域性更强的专利等知识产权民事、行政案件集中管辖,2014年8月31日,第十二届全国人民代表大会常务委员会决定在北京、上海、广州设立知识产权法院，跨区域管辖知识产权案件，审级与当地中级人民法院相同。当年11月6日、12月16日、12月28日，北京、广州、上海三家知识产权法院先后挂牌成立。

知识产权法院管辖有关专利、植物新品种、集成电路布图设计、技术秘密等专业技术性较强的第一审知识产权民事和行政案件，以及北京、广州、上海三市的基层法院第一审著作权、商标等知识产权民事和行政判决、裁定的上诉案件。北京知识产权法院还要管辖不服国务院行政部门裁定或者决定而提起的第一审知识产权授权确权行政案件。

三家知识产权法院第一审判决、裁定的上诉案件，分别由知识产权法院所在地即北京市、广东省、上海市的高级人民法院审理。

5. 金融法院

金融法院是国家成立的负责审理证券、期货、保险等金融民商事案件的专门法院。

为增强中国金融司法的国际影响力、深入实施国家金融战略和上海国际金融中心的发展建设，2018年4月27日，第十三届全国人民代表大会常务委员会决定设立上海金融法院，审级与上海直辖市中级人民法院相同。2018年8月20日，上海金融法院称为我国首家揭牌成立的金融专门法院。

上海金融法院管辖上海市辖区内应由中级人民法院受理的下列第一审金融民商事案件：①证券、期货交易、信托、保险、票据、信用证、金融借款合同、银行卡、融资租赁合同、委托理财合同、典当等纠纷；②独立保函、保理、私募基金、非银行支付机构网络支付、网络借贷、互联网股权众筹等新型金融民商事纠纷；③以金融机构为债务人的破产纠纷；④金融民商事纠纷的仲裁司法审查案件；⑤申请承认和执行外国法院金融民商事纠纷的判决、裁定案件。

上海市辖区内应由中级人民法院受理的以金融监管机构为被告的第一审涉金融行政案件，以住所地在上海市的金融市场基础设施为被告或者第三人与其履行职责相关的第一审金融民商事案件和涉金融行政案件，当事人对上海市基层人民法院作出的第一审金融民商事案件和涉金融行政案件判决、裁定提起的上诉案件，也均由上海金融法院审理。当事人对上海金融法院作出的第一审判决、裁定提起的上诉案件，由上海市高级人民法院审理。

6. 互联网法院

互联网法院是国家成立的，以"网上案件网上审理"为原则，实现全部或部分诉讼环节的网络化办理，突破传统审理方式集中管辖网络购物、网络服务、互联网金融、网络著作权、互联网域名权属等涉互联网一审民事、行政案件的专门法院。

2017年8月18日，经中央全面深化改革委员会批准，在我国互联网经济发达的杭州，互联网法院率先挂牌成立，集中审理杭州市辖区内基层人民法院有管辖权的六类涉互联网一审民事、行政案件，开启了中国互联网案件集中管辖、专业审判的新篇章。2018年9月9日和28日，北京、广州也相继成立互联网法院。

北京、广州、杭州互联网法院属于基层法院，集中管辖所在市的辖区内应当由基层法院受理的下列第一审案件：

（1）通过电子商务平台签订或者履行网络购物合同而产生的纠纷；

（2）签订、履行行为均在互联网上完成的网络服务合同纠纷；

（3）签订、履行行为均在互联网上完成的金融借款合同纠纷、小额借款合同纠纷；

（4）在互联网上首次发表作品的著作权或者邻接权权属纠纷；

（5）在互联网上侵害在线发表或者传播作品的著作权或者邻接权而产生的纠纷；

（6）互联网域名权属、侵权及合同纠纷；

（7）在互联网上侵害他人人身权、财产权等民事权益而产生的纠纷；

（8）通过电子商务平台购买的产品，因存在产品缺陷，侵害他人人身、财产权益而产生的产品责任纠纷；

（9）检察机关提起的互联网公益诉讼案件；

（10）因行政机关作出互联网信息服务管理、互联网商品交易及有关服务管理等行政行为而产生的行政纠纷。

以及上级人民法院指定管辖的其他互联网民事、行政案件。

当事人对杭州互联网法院作出的判决、裁定提起上诉的案件，由杭州市中级人民法院审理。当事人对北京、广州互联网法院作出的判决、裁定提起上诉的案件，分别由北京市第四中级人民法院、广州市中级人民法院审理，但互联网著作权权属纠纷和侵权纠纷、互联网域名纠纷的上诉案件，则分别由北京知识产权法院、广州知识产权法院审理。

二、人民法院的审判组织

（一）独任制与合议庭

人民法院审理案件，由合议庭或者法官一人独任审理。合议庭和法官独任审理的案件范围由法律规定。合议庭由法官组成，或者由法官和人民陪审员组成，成员为3人以上单数。合议庭由1名法官担任审判长。院长或者庭长参加审理案件时，由自己担任审判长。审判长主持庭审、组织评议案件，评议案件时与合议庭其他成员权利平等。

合议庭评议案件应当按照多数人的意见作出决定，少数人的意见应当记入笔录。评议案件笔录由合议庭全体组成人员签名。合议庭或者法官独任审理案件形成的裁判文书，经合议庭组成人员或者独任法官签署，由人民法院发布。

合议庭审理案件，法官对案件的事实认定和法律适用负责；法官独任审理案件，独任法官对案件的事实认定和法律适用负责。人民陪审员依照法律规定参加合议庭审理案件。

（二）审判委员会

各级人民法院设置由院长、副院长和若干资深法官组成的审判委员会，成员应当为单数。审判委员会会议分为全体会议和专业委员会会议。中级以上人民法院根据审判工作需要，可以按照审判委员会委员专业和工作分工，召开刑事审判、民事行政审判等专业委员会会议。

审判委员会履行的职能包括：①总结审判工作经验；②讨论决定重大、疑难、复杂案件的法律适用；③讨论决定本院已经发生法律效力的判决、裁定、调解书是否应当再审；④讨论决定其他有关审判工作的重大问题。

最高人民法院对属于审判工作中具体应用法律的问题进行解释，应当由审判委员会全体会议讨论通过；发布指导性案例，可以由审判委员会专业委员会会议讨论通过。

审判委员会实行民主集中制，由院长或者院长委托的副院长主持召开全体会议和专业委员会会议，应当有其组成人员的过半数出席。审判委员会举行会议时，同级人民检察院检察长或者检察长委托的副检察长可以列席。

合议庭认为案件需要提交审判委员会讨论决定的，由审判长提出申请，院长批准。审判委员会讨论案件，合议庭对其汇报的事实负责，审判委员会委员对本人发表的意见和表决负责。审判委员会的决定，合议庭应当执行。审判委员会讨论案件的决定及其理由应当在裁判文书中公开，法律规定不公开的除外。

此外，中级以上人民法院还应设立赔偿委员会，依法审理国家赔偿案件。赔偿委员会由3名以上法官组成，成员应当为单数，按照多数人的意见作出决定。

三、人民检察院的法律地位与组织体系

人民检察院（以下简称检察院）是国家的法律监督机关，行使国家的检察权。检察院由同级人民代表大会产生，向人民代表大会负责并报告工作。可见，检察院的地位是与法院同级的，相互之间不存在隶属关系。检察院必须遵循检察一体化原则，即检察系统内上下级检察院之间和检察院内检察长与检察官之间存在领导关系，检察机构作为统一的整体执行检察职能。检察院上下级是领导和被领导的关系及其集中统一的特点，与法院上下级之间监督与被监督的关系有显著不同。为了维护国家法制的统一，检察机关必须具有很强的集中统一性。

我国设立最高人民检察院（以下简称最高检）、地方各级检察院和军事检察院等专门检察院。最高人民检察院是国家最高检察机关，领导地方各级检察院和专门检察院的工作。地方各级检察院包括省、自治区、直辖市检察院；省、自治区、直辖市检察院分院，自治州和省辖市检察院；县、市、自治县和市辖区检察院；专门检察院主要包括军事检察院与铁路运输检察院。各级检察院都是与各级法院相对应而设置的，以便依照刑事诉讼法规定的程序办案。

四、人民检察院的职权配置与机构改革

（一）检察院的职权配置

根据检察院组织法和有关法律规定，2018年监察法颁布、检察院反贪部门和反渎职部门转隶之前，检察院行使职权包括公诉权、侦查权、监督权。即对刑事案件的公诉权，对直接受理的刑事案件的侦查权，对刑事案件的侦查、审判、执行以及民事、行政审判的监督权。其中，贪污贿赂、渎职等职务犯罪案件由检察院负责立案侦查。

具体而言，检察院依法行使下列职权：

（1）依照法律规定对有关刑事案件行使侦查权；

（2）对刑事案件进行审查，批准或者决定是否逮捕犯罪嫌疑人；

（3）对刑事案件进行审查，决定是否提起公诉，对决定提起公诉的案件支持公诉；

（4）依照法律规定提起公益诉讼；

（5）对诉讼活动实行法律监督；

（6）对判决、裁定等生效法律文书的执行工作实行法律监督；

（7）对监狱、看守所的执法活动实行法律监督；

（8）法律规定的其他职权。

此外，最高检还要领导地方各级人民检察院和专门人民检察院的工作，对下级检察院相关业务进行指导，研究制定检察工作方针、总体规划，部署检察工作任务，对最高人民法院的死刑复核活动实行监督，对省级人民检察院报请核准追诉的案件进行审查、决定是否追诉。

(二) 四大检察与十大业务

2018年监察法颁布实施，检察院反贪部门和反渎职部门整体划归新成立的监察委员会。改革后的检察院对内设机构进行了系统性、整体性重构，形成了刑事检察、民事检察、行政检察、公益诉讼检察"四大检察"法律监督总体布局。对应"四大检察"，又重组了"十大业务"。

在2019年初召开的全国检察长会议上，最高检检察长张军对"四大检察"全面协调充分发展提出了明确要求：一是做优刑事检察工作，突出专业化。通过完善办案机制，把捕诉一体在办案质量和效率方面的优势发挥出来；二是做强民事检察工作，在"深"字上做文章。进一步拓宽思路、积极作为，将民事检察工作做得更实更富成效；三是做实行政检察工作。要做到精准，抓好典型性、引领性案件的监督，做一件成一件、成一件影响一片，争取双赢多赢共赢效果；四是做好公益诉讼检察工作，加大工作力度。要把握规律、发现问题，与法院和有关行政执法部门进一步加强衔接。

2019年最高检内设机构迎来"重塑性"变革，新设的十大检察厅崭新亮相，对应十大业务板块。最高检新按照案件类型重新组建专业化刑事办案机构，设立第一至第四检察厅，实行捕诉一体办案机制，分别办理下列案件的审查逮捕、审查起诉、出庭支持公诉、抗诉，开展相关立案监督、侦查监督、审判监督以及相关案件的补充侦查及最高检管辖的相关刑事申诉案。

第一检察厅负责对法律规定由最高检办理的除第二、三、四检察厅承办案件以外的刑事案件。

第二检察厅负责对法律规定由最高检办理的危害国家安全、公共安全犯罪，故意杀人、抢劫、毒品等犯罪案件，并负责死刑复核法律监督工作。

第三检察厅负责对法律规定由最高检办理的国家监察委员会移送的职务犯罪案件。

第四检察厅负责对法律规定由最高检办理的破坏社会主义市场经

济秩序犯罪案件。

第五检察厅负责对监狱、看守所和社区矫正机构等执法活动的监督，对刑事判决、裁定执行、强制医疗执行、羁押和办案期限的监督，羁押必要性审查。办理罪犯又犯罪的案件。负责对法律规定由最高检办理的司法工作人员利用职权实施的非法拘禁、刑讯逼供、非法搜查等侵犯公民权利、损害司法公正犯罪，以及按照刑事诉讼法规定需要由人民检察院直接受理的其他重大犯罪案件的侦查。

第六检察厅负责办理向最高检申请监督和提请抗诉的民事案件的审查、抗诉。承办对最高人民法院民事诉讼活动的法律监督，对审判监督程序以外的其他民事审判程序中审判人员的违法行为提出检察建议，对民事执行活动实行法律监督。开展民事支持起诉工作。办理最高检管辖的民事申诉案件。

第七检察厅负责办理向最高检申请监督和提请抗诉的行政案件的审查、抗诉。承办对最高人民法院行政诉讼活动的法律监督，对审判监督程序以外的其他行政审判程序中审判人员的违法行为提出检察建议，对行政执行活动实行法律监督。办理最高检管辖的行政申诉案件。

第八检察厅负责办理法律规定由最高检办理的破坏生态环境和资源保护、食品药品安全领域侵害众多消费者合法权益等损害社会公共利益的民事公益诉讼案件，生态环境和资源保护、食品药品安全、国有财产保护、国有土地使用权出让等领域的行政公益诉讼案件，侵害英雄烈士姓名、肖像、名誉、荣誉的公益诉讼案件。负责对最高人民法院开庭审理的公益诉讼案件，派员出席法庭，依照有关规定提出检察建议。办理最高检管辖的公益诉讼申诉案件。

第九检察厅负责对法律规定由最高检办理的未成年人犯罪和侵害未成年人犯罪案件的审查逮捕、审查起诉、出庭支持公诉、抗诉，开展相关立案监督、侦查监督、审判监督以及相关案件的补充侦查。开展未成年人司法保护和预防未成年人犯罪工作。

第十检察厅负责受理向最高检的控告和申诉。承办最高检管辖的国家赔偿案件和国家司法救助案件。

第二节　律师事务所

律师执业机构是指律师开展日常业务活动的工作机构，是律师发挥专长的力量源泉和基础。目前在我国，广义上执业律师包括社会律师、法律援助律师、政府公职律师、公司律师、军队律师。本节所说的律师执业机构，仅限于依法为当事人提供社会法律服务的律师执业机构即律师事务所。

一、律师事务所的组织形式

修改前的《律师法》的规定，我国可以设立的律师事务所的形式包括：国家出资设立的律师事务所；合作律师事务所；合伙律师事务所。我国律师制度恢复重建的前二十多年，律师执业机构经历了从单一的"国资所"到"合作所""合伙所""国资所"三足鼎立的变化。2007年修订后的《律师法》在全面总结我国律师制度恢复以来律师工作取得的成绩和经验的基础上，从我国的基本国情出发，借鉴国外的有益经验，对律师事务所的组织形式进行了改革和完善，规定律师事务所可以由律师合伙设立、律师个人设立或者由国家出资设立，不再保留由律师合作设立的组织形式。

（一）国资所

1979年我国恢复律师制度后，全国各地成立了由国家划拨事业编制、提供办公场所和必要经费的律师事务所。1996年司法部《国家出资设立的律师事务所管理办法》规定，国家出资设立的律师事务所由司法行政机关根据国家需要设立。称之为"国资所"，是因为这些律师事务所由国家司法行政机关设置，其性质属于国家事业单位，人员编制属于事业编制，经费列入国家预算，依靠国家财政拨款。国资所依法自主开展业务活动。但应当接受司法行政机关和律师协会的监督、指导。

目前，我国国资所的数量与比例逐渐减少，主要存在于少数边远地区与一些基层的地方。根据司法部的数据，2005年，国资所尚有1742家，占全国11 691家律师事务所的14.9%。到2018年，国资所就只剩下1100多家，只占全国3万多家律师事务所的3.85%。

（二）合作所

合作律师事务所是随着国家出资设立的律师事务所出现了历史局限性之后，进行律师制度和体制改革的产物，简称"合作所"。合作律师事务所由律师个人自愿组合，共同参与，其财产由合作人共有的一种新型的律师事务所。合作律师事务所是依法设立的律师执业机构之一，其所有专职律师均为合作人。

2005年，我国还有合作所1746家，在全国11 691家律师事务所中占14.93%。2007年修订《律师法》后，2008年司法部发布《关于合作律师事务所调整工作的指导意见》，要求合作所应当依据修订后的《律师法》进行必要的调整，平稳过渡到符合修订后的《律师法》规定的组织形式。合作所可以调整为普通合伙或特殊的普通合伙律师事务所、个人律师事务所，也可以依法解散。截至2017年年底，合作所基本改制完毕。目前，合作所可以说已经成为历史了。

（三）合伙所

合伙律师事务所是依法设立的由合伙人依照合伙协议约定，共同出资、共同管理、共享收益、共担风险的律师执业机构。合伙律师事务所由合伙人自愿组合，合伙人共同出资设立。律师事务所的财产归合伙人所有，各合伙人在律师事务所中的财产中所占的比例，由合伙协议约定。

合伙所一经产生便获得了迅猛的发展，成为我国律师执业机构的主体力量和主要执业形式。在2005年年底全国11 691家律师事务所中，合伙所有8024家，占到了68.63%的比例；截至2018年年底全国3万多家律师事务所中，合伙所2万多家，仍然占66.17%，可以说是"三分天下有其二"。

(四) 个人所

我国的《律师法》刚制定时还没有对个人律师事务所问题作出规定，但在实践中这类律师事务所不但存在而且还有一定的发展。一些省市的地方立法，如 1995 年《广东省律师执业条例》、1996 年《海南经济特区律师执业条例》、2002 年《北京市个人开业律师事务所试点办法》等都曾规定可以个人设立律师事务所。

2007 年修改《律师法》，明确允许设立个人所，但要求设立人应当是具有 5 年以上执业经历的律师，并对律师事务所的债务承担无限责任。此后，个人所发展迅猛，截至 2018 年年底，全国 3 万多家律师事务所中，个人所已多达 9140 多家，占比 29.98%。

二、律师事务所的设立

(一) 设立条件

根据律师法及相关规定，设立律师事务所应当具备下列条件。

1. 有自己的名称、住所和章程

律师事务所的名称是指经批准设立的律师事务所在执业活动中使用的供公众据以识别的机构名字和称号。律师事务所的住所，是律师的办公地点和执业场所。章程是在律师事务所领域内发生法律效力的契约，是调整和规范律师事务所内部关系的基本文件。

2. 有符合律师法规定的律师人数

律师事务所的发起人必须是专职从事律师业务的律师。设立合伙律师事务所的合伙人应当具有 3 年以上执业经历，同时担任合伙人之前 3 年内未受过停止执业以上的行政处罚。

3. 有符合司法部规定数额的资产

一定的资产是律师事务所正常运转和开展业务的基础。比照 1993 年《公司法》规定设立科技开发、咨询、服务性公司注册资本不得少于 10 万元，1996 年《律师法》曾规定需要 10 万元最低资产限额。

（二）设立的审核

律师事务所设立的审核部门为各省级以上司法行政机关，即国家司法部和各省级司法厅局。

申请设立律师事务所，应当向律师事务所住所地的司法行政机关提交申请材料。住所地司法行政机关应当在15日内初查完毕，并逐级上报至省级司法厅局。必要时，省级司法厅局和司法部也可以直接接受申请材料。申请设立律师事务所应当提交申请书，律师事务所章程，发起人名单、简历、身份证、律师资格证书等批准机关要求提供的文件材料。省级司法厅局应当在收到申请材料和审查意见书之日起30日内进行审查。对于符合条件的，作出准予登记的决定，并颁发律师事务所执业证书；对于不符合条件的，作出不予颁发证书的决定，并书面通知申请人。申请人不服的，可以向司法部申请复议，对复议决定不复的，可以自收到复议决定之日起15日内向有管辖权法院提起行政诉讼；也可以不经复议，直接向法院起诉。

设立后的律师事务所由于出现了新情况，需要进行名称、住所、章程、合伙人等变更时，应提交书面申请书，说明变更的事项与理由，报请原审核部门批准，经批准后到原登记机关办理变更登记。

三、律师事务所的权利和义务

（一）律师事务所的权利

1. 接受当事人委托、收取当事人律师费等相关费用的权利

律师承办业务，由律师事务所统一接受委托，与委托人签订书面委托合同，进行立案登记，指派律师承办。按照国家规定向当事人统一收取费用并如实入账。任何律师不能私自收案。律师事务所的收费包括三部分，即酬金、费用和开支。律师事务所可以采用计件收费、计时收费、按案件标的比例收费三种方式收取法律服务费。此外，还有律师事务所采取协议收费或胜诉提成方式。

2. 决定律师事务所的内部分配权

律师事务所的分配制度应坚持：按劳分配原则，国家、事务所、律师个人利益兼顾的原则，合法分配的原则。随着律师制度的发展，现阶段的律师事务所分配制度也出现了多种形式：其一是按照固定的比例从律师费中提成归律师个人，其余的由律师事务所支配；其二是采取股份合作制，实现按劳分配和股份分红相结合；其三是设立律师个人收入账，除去公用部分外为律师个人所有，等等。

3. 自主用人的权利

律师事务所有权制定律师事务所的发展规划，制定律师事务所的规章制度，决定律师事务所内部机构的设置、分工。律师事务所可以向社会招聘律师和行政工作人员，自主决定招聘人员与数量，决定聘用人员的工资和福利待遇。在符合有关法律规定的前提下，决定开除、辞退或解聘律师和其他工作人员。修改律师事务所的章程等其他相关的权利。

（二）律师事务所的义务

律师事务所主要承担的义务包括：

1. 依法执业的义务

根据司法部《关于反对律师行业不正当竞争行为的若干规定》，律师事务所的不正当竞争行为包括：①通过招聘启事、律师事务所简介、领导人题写名称或其他方式，对律师或律师事务所进行不符合实际的宣传；②在律师名片上印有律师经历、专业技术职务或其他头衔的；③借助行政机关或行业管理部门的权力，或通过与某机关、部门联合设立某种形式的机构而对某地区、某部门、某行业或某一种类的法律事务进行垄断的；④故意诋毁其他律师或律师事务所声誉，争揽业务的；⑤无正当理由，以在规定收费标准以下收费为条件吸引客户的；⑥采用给予客户或介绍人提取"案件介绍费"或其他好处的方式承揽业务的；⑦故意在当事人与其代理律师之间制造纠纷的；⑧利用律师兼有的其他身份影响所承办业务正常处理和审理的。律师事务所有违反上述规定的，依法应给予警告；情节严重的，责令其公开澄清事实，消除影响或停业整顿。对于实施两种或两种以上的不正当竞争行为的律师事务所，应当从重处罚，直至报请司法行政机关撤销该律师事务所。

律师事务所有下列情形之一的，可以根据情况分别给予警告、责令停业整顿或吊销执业证书的处罚：①年检中隐瞒真实情况、弄虚作假；②伪造、涂改、出借、抵押和转让律师事务所执业证书；③登记事项有重大变更，未按规定申请办理变更登记；④有不正当竞争行为；⑤违反财务管理制度和会计制度；⑥违反收费管理规定；⑦有其他违反法律、法规和规章的行为。

2018年，全国共有56家律师事务所受到行政处罚，160家律师事务所受到行业惩戒；同时，有303名律师受到行政处罚，593名律师受到行业惩戒。

2. 按时缴费与参加年检的义务

登记机关每年对所登记的律师事务所进行年检。未通过年检的律师事务所不得继续执业。律师事务所年检的时间为每年的3月1日至5月31日。律师事务所逾期不参加年检的，省级司法厅局可以注销该律师事务所。因受停业整顿的处罚未参加年检的律师事务所，可在恢复执业后30日内申请补办年检手续。

3. 提供法律援助与依法纳税的义务

法律援助机构可以指派律师事务所安排律师或者安排本机构的工作人员办理公检法机关指定的法律援助案件。律师事务所拒绝法律援助机构的指派，不安排本所律师办理法律援助案件的，由司法行政部门给予警告、责令改正、1~3个月停业整顿的处罚。

律师事务所作为提供法律服务的执业机构，依照律师法的规定，享有向委托人统一收费的权利，必须按照税法的有关规定，及时向税务机关缴纳税款。

【推荐读物】

1. 中国的司法改革. 季卫东等. 法律出版社2016年版。
2. 中澳检察制度比较研究. 季美君. 北京大学出版社2013年版。
3. 香港特别行政区法院研究. 董茂云等. 商务印书馆2010年版。

4. 比较司法制度．李昌道、董茂云．上海人民出版社2004年版。

5. 澳门的法院和审判制度．李燕萍．中国民主法制出版社2011年版。

6. 中国传统司法的现代转型．沈国琴．中国政法大学出版社2007年版。

7. 送法下乡——中国基层司法制度研究．苏力．北京大学出版社2010年版。

8. 律师之道——新律师的必修课．君合律师事务所．北京大学出版社2016年第二版。

9. 美国与德国的司法制度及司法程序．宋冰．中国政法大学出版社1998年版。

10. 司法改革报告——中国的检察院．法院改革．孙谦、郑成良．法律出版社2004年版。

第九章 法律职业

┃本章重要概念和术语┃

　　律师　律师资格　律师执业证书　法律顾问　会见权　调查取证权　律师惩戒　法官　法官资格　法官任免　法官员额制　检察官　检察官职业保障

　　职业是受过专门训练或教育，长期从事具有专门业务和特定职责的行业的角色群体。法律职业是一种拥有专业技能的职业，必须有自己的职业伦理，要有一定的职业准入门槛。建设法治国家，需要推进法治专门队伍的正规化、专业化、职业化，提高法律职业的理论素养和专业水平。

　　狭义的法律职业包括传统意义上的律师、法官、检察官三种具体职业。广义上，一切从事法律工作的人还包括了法律研究者、司法辅助人员、企事业单位的法务人员。根据2018年之后的国家统一法律职业资格考试要求，不仅律师、法官、检察官、公证员、仲裁员，行政机关中初次从事行政复议、行政处罚决定审核的人员都需要取得法律职业资格证书，这也属于广义的法律职业。我们这里只介绍狭义的三种法律职业。

第一节　律师

一、律师的概念和执业许可

　　律师是指依法取得律师执业证书，接受委托或者指定，为当事人提供法律服务，维护当事人合法权益的执业人员。律师是法律职业结构的基础和法律职业共同体的典型代表。在英美法系国家或地区，法官大多出身于执业律师，检察官则被称为政府律师。我国香港特别行政区就是如此，香港律政司有许多政府律师从事刑事检控等各项职能。

在我国，除了执业于律师事务所的社会律师外，还有政府公职律师和公司律师。公职律师主要是指任职于党政机关或者人民团体，依法取得公职律师证书，在本单位从事法律事务工作的公职人员；公司律师主要是指与国有企业订立劳动合同，依法取得公司律师证书，在本企业从事法律事务工作的员工。我们这里所说的律师以社会律师为主。我国律师的执业许可由律师法规定。1996年我国颁布了《律师法》，2001年第一次修正，2007年修订后于2008年6月1日起施行后，2012年、2017年又分别作了修正。

（一）律师执业的条件

申请律师执业，应当具备下列条件：①拥护中华人民共和国宪法；②通过国家统一法律职业资格考试或司法考试或律师资格考试取得法律职业资格或律师资格证书；③在律师事务所实习满一年；④品行良好。

（二）律师资格证书

我国律师资格考试开始于1986年，两年举行一次，从1993年开始每年举行一次，至2000年一共考了12次。该项考试叫全国律师资格考试，通过考试者获得律师资格证书。2001年我国修改了律师法、法官法、检察官法，提高了法律职业的准入门槛，将3种法律职业统一纳入新设立的国家统一司法考试，从2002年开始每年举行一次，至2017年一共考了16次。通过国家统一司法考试者获得法律职业资格证书。2017年我国再次修改律师法、法官法、检察官法及公务员法、公证法、仲裁法、行政复议法、行政处罚法等八部法律，进一步提高了法律职业的准入门槛，设立国家统一法律职业资格考试，从2018年开始把一次考试变为主观题和客观题各考一次。

不论是2000年之前参加律师资格考试取得律师资格证书的，还是在2002年至2017年参加国家统一司法考试取得法律职业资格证书的，以及刚通过2018年国家统一法律职业资格考试的，都符合申请律师执业的第二项条件。

（三）律师执业证书

申请律师执业，应当向司法行政部门申请并提交下列材料：①国家统一司法考试合格证书或律师资格证书；②律师协会出具的申请人实习考核合格的材料；③申请人的身份证明；④律师事务所出具的同意接收申请人的证明。申请兼职律师执业的，还应当提交所在单位同意申请人兼职从事律师职业的证明。

司法行政部门受理申请并审查审核后，作出是否准予执业的决定。准予执业的向申请人颁发律师执业证书。获得律师执业资格证书者才是真正意义上的执业律师。没有取得律师执业证书的人员，不得以律师名义从事法律服务业务。律师只能在一个律师事务所执业，不受地域限制。律师变更执业机构的应当申请换发律师执业证书。

据司法部公布的数据，截至2018年年底，全国共有执业律师42.3万多人。其中，专职律师36.4万多人，占85.89%，兼职律师1.2万多人，占2.87%，公职律师3.1万多人，占7.43%，公司律师7200多人，占1.71%，法律援助律师7400多人，占1.75%，军队律师1500人，占0.35%。

申请人有下列情形之一的，不予颁发律师执业证书：①无民事行为能力或者限制民事行为能力的；②受过刑事处罚的，但过失犯罪的除外；③被开除公职或者被吊销律师执业证书的。申请人以欺诈、贿赂等不正当手段取得律师执业证书的，司法行政部门将撤销准予执业的决定，并注销被准予执业人员的律师执业证书。

二、律师的业务范围与权利义务

（一）律师的业务范围

（1）法律顾问。接受自然人、法人或者其他组织的委托，担任法律顾问,按照约定为委托人就有关法律问题提供意见,草拟、审查法律文书,代理参加诉讼、调解或者仲裁活动,办理委托的其他法律事务,维护委托人的合法权益。

(2)民事、行政诉讼代理。接受民事案件、行政案件当事人的委托,担任代理人参加诉讼,在受委托的权限内维护委托人的合法权益。

(3)刑事辩护或代理。接受刑事案件犯罪嫌疑人、被告人的委托或者依法接受法律援助机构的指派,担任辩护人;接受自诉案件自诉人、公诉案件被害人或者其近亲属的委托,担任代理人,参加诉讼。担任辩护人的,应当根据事实和法律,提出犯罪嫌疑人、被告人无罪、罪轻或者减轻、免除其刑事责任的材料和意见,维护犯罪嫌疑人、被告人的诉讼权利和其他合法权益。

(4)代理申诉、调解、仲裁与非诉业务。接受委托,代理各类诉讼案件的申诉,参加调解、仲裁活动,提供非诉讼法律服务。

(5)咨询与代书。解答有关法律的询问、代写诉讼文书和有关法律事务的其他文书。

律师接受委托后,无正当理由的,不得拒绝辩护或者代理。但是,委托事项违法、委托人利用律师提供的服务从事违法活动或者委托人故意隐瞒与案件有关的重要事实的,律师有权拒绝辩护或者代理。

据司法部数据,2018年全国律师办理各类法律事务1068万多件。其中,办理诉讼案件497.8万多件,办理非诉讼法律事务105.8万多件,为70万多家党政机关、人民团体和企事业单位担任法律顾问。在办理的497.8万多件诉讼案件中,刑事诉讼辩护及代理81.4万多件,占诉讼案件的16.36%;民事诉讼代理396.9万多件,占诉讼案件的79.72%;行政诉讼代理16.5万多件,占诉讼案件的3.3%;代理申诉2.9万多件,占诉讼案件的0.58%。

(二)律师的执业权利

1. 会见权

律师担任辩护人的,有权持律师执业证书、律师事务所证明和委托书或者法律援助公函，依照刑事诉讼法的规定会见在押或者被监视居住的犯罪嫌疑人、被告人。辩护律师会见犯罪嫌疑人、被告人时不被监听。

2. 阅卷权

律师担任辩护人的，自人民检察院对案件审查起诉之日起，有权查阅、摘抄、复制本案的案卷材料。

3. 调查取证权

受委托的律师根据案情的需要，可以申请人民检察院、人民法院收集、调取证据或者申请人民法院通知证人出庭作证。律师自行调查取证的，凭律师执业证书和律师事务所证明，可以向有关单位或者个人调查与承办法律事务有关的情况。

4. 职业保障权

律师担任诉讼代理人或者辩护人的，其辩论或者辩护的权利依法受到保障。律师在执业活动中的人身权利不受侵犯。除发表危害国家安全、恶意诽谤他人、严重扰乱法庭秩序的言论外，律师在法庭上发表的代理、辩护意见不受法律追究。

（三）律师的执业义务

1. 保密义务

律师应当保守在执业活动中知悉的国家秘密、商业秘密，不得泄露当事人的隐私。律师对在执业活动中知悉的委托人和其他人不愿泄露的有关情况和信息，应当予以保密。但委托人或者其他人准备或者正在实施危害国家安全、公共安全以及严重危害他人人身安全的犯罪事实和信息除外。

2. 不得双方代理

律师不得在同一案件中为双方当事人担任代理人，不得代理与本人或者其近亲属有利益冲突的法律事务。

3. 法律援助

律师、律师事务所应当按照国家规定履行法律援助义务，为受援人提供符合标准的法律服务，维护受援人的合法权益。

4. 其他执业禁止行为

律师在执业活动中不得有下列行为：①私自接受委托、收取费用，接受委托人的财物或者其他利益；②利用提供法律服务的便利牟取当事人争议的权益；③接受对方当事人的财物或者其他利益，与对方当事人或第三人恶意串通，侵害委托人的权益；④违反规定会见法官、检察官、仲裁员以及其他有关工作人员；⑤向法官、检察官、仲裁员以及其他有关工作人员行贿，介绍贿赂或指使、诱导当事人行贿，或以其他不正当方式影响法官、检察官、仲裁员以及其他有关工作人员依法办理案件；⑥故意提供虚假证据或者威胁、利诱他人提供虚假证据，妨碍对方当事人合法取得证据；⑦煽动、教唆当事人采取扰乱公共秩序、危害公共安全等非法手段解决争议；⑧扰乱法庭、仲裁庭秩序，干扰诉讼、仲裁活动的正常进行。

此外，曾经担任法官或检察官的律师，从法院或检察院离任后 2 年内，不得担任诉讼代理人或辩护人。

三、律师的执业纪律与惩戒

律师是一个高度自治和有着较高职业道德要求的职业。因此，司法行政部门和律师协会有权依法对律师的执业违纪违法行为予以包括警告、罚款、没收违法所得、停止执业、吊销律师执业证书的惩戒。吊销律师执业证书的惩戒由省级人民政府司法行政部门作出决定。执业行为构成犯罪的还会被移送司法机关依法追究刑事责任。

（一）一般性违法行为的惩戒

律师有下列一般性的违法行为，由设区市或直辖市的区司法局给予警告，可以处 5000 元以下罚款；有违法所得的没收违法所得；情节严重的给予停止执业 3 个月以下的处罚：①同时在两个以上律师事务所执业的；②以不正当手段承揽业务的；③在同一案件中为双方当事人担任代理人，或者代理与本人及其近亲属有利益冲突的法律事务的；④从法院或检察院离任后二年内担任诉讼代理人或者辩护人的；⑤拒绝履行法律援助义务的。

《律师法》第 48 条规定的也是一般性违法行为，具体包括：①私自接受委托、收取费用，接受委托人财物或其他利益的；②接受委托后，无正当理由，拒绝辩护或代理，不按时出庭参加诉讼或者仲裁的；③利用提供法律服务的便利牟取当事人争议的权益的；④泄露商业秘密或个人隐私的。这四类违法行为的性质要稍微严重一些，因此所受到的处罚程度也较重：警告、1 万元以下罚款、没收违法所得、给予停止执业 3～6 月的处罚。

（二）比较严重违法行为的惩戒

比较严重的违法行为包括：①违规会见法官、检察官、仲裁员以及其他有关工作人员，或以其他不正当方式影响依法办理案件的；②向法官、检察官、仲裁员以及其他有关工作人员行贿，介绍贿赂或者指使、诱导当事人行贿的；③向司法行政部门提供虚假材料或有其他弄虚作假行为的；④故意提供虚假证据或者威胁、利诱他人提供虚假证据，妨碍对方当事人合法取得证据的；⑤接受对方当事人财物或者其他利益，与对方当事人或第三人恶意串通，侵害委托人权益的；⑥扰乱法庭、仲裁庭秩序，干扰诉讼、仲裁活动的正常进行的；⑦煽动、教唆当事人采取扰乱公共秩序、危害公共安全等非法手段解决争议的；⑧发表危害国家安全、恶意诽谤他人、严重扰乱法庭秩序的言论的；⑨泄露国家秘密的。

这九种违法行为性质比较严重，要受到比较重的行政处罚，给予停止执业 6 个月以上 1 年以下的处罚、处 5 万元以下罚款、没收违法所得，情节严重的可以吊销其律师执业证书，构成犯罪的依法追究刑事责任。律师因故意犯罪受到刑事处罚的，也将被吊销律师执业证书。

第二节　法官

我国法官法颁布于 1995 年，2001 年、2017 年先后进行了两次修正。2019 年 4 月 23 日第十三届全国人民代表大会常务委员会第十次会议的最新修订自 2019 年 10 月 1 日起施行。根据《法官法》规定，法官是指法院中依法行使国家审判权的审判人员，包括最高人民法院、地方各级人民法院和军事法院等专门法院的院长、副院长、审判委员会委员、庭长、副庭长和审判员。法官是法律职业的核心，是司法权的重要行使者。

一、法官的条件

（一）法官任职的条件

除我国国籍、正常履行职责的身体条件，良好的政治、业务素质和道德品行，拥护我国宪法，拥护中国共产党领导和社会主义制度外，担任法官必须具备下列条件。

1. 学历条件

具备普通高等学校法学类本科学历并获得学士及以上学位；或者普通高等学校非法学类本科及以上学历并获得法律硕士、法学硕士及以上学位；或者普通高等学校非法学类本科及以上学历，获得其他相应学位，并具有法律专业知识。

2. 法律工作经历

要求从事法律工作满 5 年。其中获得法律硕士、法学硕士学位，或者获得法学博士学位的，从事法律工作的年限可以分别放宽至 4 年、3 年。

3. 法律职业格证书

初任法官应当通过国家统一法律职业资格考试取得法律职业资格。

此外，《法官法》规定了法官任职的消极条件，下列人员不得担任法官：①因犯罪受过刑事处罚的；②被开除公职的；③被吊销律师、公证员执业证书或者被仲裁委员会除名的；④有法律规定的其他情形的。

（二）法官的选拔

初任法官采用考试、考核的办法，按照德才兼备的标准，从具备法官条件的人员中择优提出人选。法院的院长应当具有法学专业知识和法律职业经历。副院长、审判委员会委员应当从法官、检察官或者其他具备法官条件的人员中产生。

人民法院可以根据审判工作需要，从律师或者法学教学、研究人员等从事法律职业的人员中公开选拔法官。除应当具备法官任职条件外，参加公开选拔的律师应当实际执业不少于5年，执业经验丰富，从业声誉良好，参加公开选拔的法学教学、研究人员应当具有中级以上职称，从事教学、研究工作5年以上，有突出研究能力和相应研究成果。

二、法官的遴选和任免

（一）法官的遴选

省、自治区、直辖市设立法官遴选委员会，负责初任法官人选专业能力的审核。遴选最高人民法院法官应当设立最高人民法院法官遴选委员会，负责法官人选专业能力的审核。

初任法官一般到基层法院任职，上级法院法官一般逐级遴选，最高人民法院和高级人民法院法官可以从下两级法院遴选。参加上级法院遴选的法官应当在下级法院担任法官一定年限，并具有遴选职位相关工作经历。

（二）法官任免与任职回避

1. 法官任免

法官的任免，依照宪法和法律规定的任免权限和程序办理。最高人民法院院长由全国人民代表大会选举和罢免，副院长、审判委员会委员、庭长、副庭长和审判员，最高人民法院巡回法庭庭长、副庭长由院长提请全国人民代表大会常务委员会任免。地方各级人民法院院长由本级人民代表大会选举和罢免，副院长、审判委员会委员、庭长、副庭长和审判员，由院长提请本级人民代表大会常务委员会任免。

在省、自治区内按地区设立的和在直辖市内设立的中级人民法院的院长，由省、自治区、直辖市人民代表大会常务委员会根据主任会议的提名决定任免，副院长、审判委员会委员、庭长、副庭长和审判员，由高级人民法院院长提请省、自治区、直辖市人民代表大会常务委员会任免。

新疆生产建设兵团各级法院、海事法院、金融法院、知识产权法院等专门法院的法官，依照全国人民代表大会常务委员会的有关规定任免。

法官在依照法定程序产生后，在就职时应当公开进行宪法宣誓。

法官有下列情形之一的，应当依法提请免除其法官职务：①丧失中国国籍的；②调出所任职法院的；③职务变动不需要保留法官职务或本人申请免除法官职务经批准的；④经考核不能胜任法官职务的；⑤因健康原因长期不能履行职务的；⑥退休的；⑦辞职或依法应当予以辞退的；⑧因违纪违法不宜继续任职的。

2. 任职回避

法官之间有夫妻关系、直系血亲关系、三代以内旁系血亲以及近姻亲关系的，不得同时担任以下职务：①同一法院的院长、副院长、审判委员会委员、庭长、副庭长；②同一法院的院长、副院长和审判员；③同一审判庭的庭长、副庭长、审判员；④上下相邻两级法院的院长、副院长。

法官的配偶、父母、子女有下列情形之一的，法官应当实行任职回避：①担任该法官所任职法院辖区内律师事务所的合伙人或者设立人的；②在该法官所任职法院辖区内以律师身份担任诉讼代理人、辩护人，或者为诉讼案件当事人提供其他有偿法律服务的。

三、法官的职责、义务和权利

（一）法官的职责

法官的职责是法律规定的法官的职权和责任。包括审判职责、其他法定职责及领导型法官的职务职责。法官应当勤勉尽责、清正廉明、恪守职业道德，法官在职权范围内对所办理的案件负责。

1. 审判职责

审判职责是法官的基本职责，依法参加合议庭审判或者独任审刑事、民事、行政诉讼以及国家赔偿等案件是法官的天职。法官应当以事实为根据、以法律为准绳，秉持客观公正的立场审判案件。

2. 法官的其他法定职责

法官的其他法定职责是法官除审判案件之外承担的法定职责，主要包括：依法办理引渡、司法协助等案件、将生效裁判交付或移送执行、提出司法建议、指导人民调解委员会的调解工作、法制宣传教育等。

3. 领导型法官的职务职责

领导型法官的职务职责是法院院长、副院长、审判委员会委员、庭长、副庭长除履行审判职责外，还应当履行的与其职务相适应的职责。院长、副院长的职务职责包括主持本院审判委员会、决定与审判有关的事项、代表本院向本级人民代表大会及其常务委员会报告工作等。审判委员会委员的职责包括总结审判经验、讨论重大复杂疑难案件以及其他与审判有关的问题。庭长、副庭长职责包括主持本庭庭务会议、领导本庭日常行政工作。

（二）法官的义务

法官的义务是法律对法官必须作出或禁止作出一定行为的约束，如不遵守就必须承担相应的法律责任。为了保证正确履行法定职责，客观公正地审判案件，法官应当履行以下义务：①严格遵守宪法和法律；②秉公办案，不得徇私枉法；③依法保障当事人和其他诉讼参与人的诉讼权利；④维护国家利益、社会公共利益，维护个人和组织的合法权益；⑤保守国家秘密和审判工作秘密，对履行职责中知悉的商业秘密和个人隐私予以保密；⑥依法接受法律监督和人民群众监督；⑦通过依法办理案件以案释法，增强全民法治观念，推进法治社会建设；⑧法律规定的其他义务。同时，法官还有禁止兼职的义务，不得兼任人民代表大会常务委员会的组成人员、律师、仲裁员和公证员外，不得兼任行政机关、监察机关、检察机关、企业或其他营利性组织、事业单位的职务。

(三) 法官的权利

法官的权利是法律对法官能够作出或不作出一定行为的自由。法官享有下列权利：①履行法官职责应当具有的职权和工作条件；②非因法定和程序，不被调离、免职、降职、辞退或处分；③履行法官职责应当享有的职业保障和福利待遇；④人身、财产和住所安全受法律保护；⑤提出申诉或控告；⑥法律规定的其他权利。

四、法官的管理

(一) 法官员额制与法官等级

法官实行员额制管理。法官员额根据案件数量、经济社会发展情况、人口数量和人民法院审级等因素确定，在省、自治区、直辖市内实行总量控制、动态管理，优先考虑基层法院和案件数量多的法院办案需要。法官员额出现空缺的，应当按照程序及时补充。

法官实行单独职务序列管理。法官等级分为十二级，法官以德才表现、业务水平、审判工作实绩和工作年限等为依据确定法官的等级，依次为首席大法官、一级大法官、二级大法官、一级高级法官、二级高级法官、三级高级法官、四级高级法官、一级法官、二级法官、三级法官、四级法官、五级法官。最高人民法院院长为首席大法官。

法官等级晋升采取按期晋升和择优选升相结合的方式，特别优秀或者工作特殊需要的一线办案岗位法官可以特别选升。

(二) 法官的辞职与辞退

法官申请辞职，应当由本人书面提出，经批准后，依照法律规定的程序免除其职务。辞退法官应当按照管理权限决定，以书面形式列明作出决定的理由和依据，通知被辞退的法官，并依照法律规定的程序免除其职务。

法官从法院离任后，两年内不得以律师身份担任诉讼代理人或者辩护人，不得担任原任职法院办理案件的诉讼代理人或者辩护人，但是作为当事人的监护人或者近亲属代理诉讼或者进行辩护的除外。

法官被开除后，不得担任诉讼代理人或者辩护人，但是作为当事人的监护人或者近亲属代理诉讼或者进行辩护的除外。

五、法官的职业保障

法官的职业保障，是指法官一经任用，非因法定事由并经法定程序，不得降级、免职，以保障法官得以独立公正司法。人民法院设立法官权益保障委员会，维护法官合法权益，保障法官依法履行职责。

法官的职业保障包括职权保障、身份保障、经济保障。良好的职权保障使得法官不至于因抵制法外干预而受到打击报复，法官身份的保障则是有关法官权利、申诉控告等制度。法官经济保障即工资保险福利制度，涉及法官的切身利益，是法官获得劳动报酬的主要方式和内容。待遇的高低不仅关系到法官的地位与责任心，也是影响司法效率的重要因素。法官能力的高低一定程度上决定着司法工作的效率和质量。因此，突出法官的职业尊荣，保障他们的薪资待遇是提高并稳定高素质法官队伍的关键。

《法官法》规定，法官依法审判案件或履行职责受法律保护，不受行政机关、社会团体和个人的干涉。法官的职业尊严和人身安全受法律保护，任何单位和个人不得对法官及其近亲属进行打击报复。对法官及其近亲属实施报复陷害、侮辱诽谤、暴力侵害、威胁恐吓、滋事骚扰等违法犯罪行为的，应当依法从严惩治。法官因依法履行职责，本人及其近亲属人身安全面临危险的，人民法院、公安机关应当对法官及其近亲属采取人身保护、禁止特定人员接触等必要保护措施。对法官职权的保障，既包括法官依法履行职责所应具备的职权和工作条件，也包括法官履行职责应保持的对外独立性。这也是司法机关依法独立行使职权的宪法原则在《法官法》中的体现。

法官的身份保障也称法官的职位保障，是指其法官身份不得被随意改变的法律保障。法官的身份保障主要包括：①法官非因法定事由、非经法定程序，不被免职、降职、辞退或者处分，即法官经法定程序任命后不得对其职位予以随意剥夺；②法官有权对涉及自身的惩戒提出申诉，有权对国家机关及其工作人员侵犯法官权利的行为提出控告，要求依法追究干涉法官依法履行职责的行政机关、社会团体或者个人的责任。

对于法官的经济保障问题，《法官法》也都通过工资保险福利予以专章规定。法官的工资制度和工资标准，根据审判工作特点，由国家规定，并实行定期增资制度。经考核确定为优秀、称职的，可以按照规定晋升工资。有特殊贡献的，还可以按照规定提前晋升工资。同时，法官享受国家规定的审判津贴、地区津贴、其他津贴以及保险和福利待遇。

此外，法院还设立法官考评委员会和法官惩戒委员会，负责对法官的考核、奖励和处分、惩戒。对法官的考核内容包括审判工作实绩、职业道德、专业水平、工作能力、审判作风。其中审判工作实绩是考核的重点。考核结果作为调整法官等级、工资以及法官奖惩、免职、降职、辞退的依据。法官有贪污受贿、徇私舞弊、枉法裁判，隐瞒、伪造、变造、故意损毁证据、案件材料，接受当事人及其代理人利益输送，或违规会见当事人及其代理人、从事或参与营利性活动等违法违纪行为的，应当给予处分，构成犯罪的依法追究刑事责任。

第三节　检察官

一、检察官之定义范围

我国检察官法与法官法一样颁布于1995年，2001年、2017年先后进行了两次修正。2019年4月23日第十三届全国人民代表大会常务委员会第十次会议的最新修订自2019年10月1日起施行。比较而言，大陆地区对法官与检察官实行二元立法，即分别制定《法官法》《检察官法》，并规定法官与检察官之条件、任免、权利义务、等级、考核等事项，且两部法律对前述条件、任免、等级、考核等事项的规定大致相同。因此，凡是检察官的任职条件、职业保障等有关规定与法官大多是相似的，凡是与法官相同的规定，本节就不予重复。

根据《检察官法》规定，检察官是依法行使国家检察权的检察人员，包括最高人民检察院、地方各级人民检察院和军事检察院等专门检察院的检察长、副检察长、检察委员会委员和检察员。检察院中的司法行政人员和书记员都不属于检察官系列，从而将司法辅助人员和司法技术人员排除在外。检察官是与法官并列的司法官员，也是司法权的重要行使者。

而在我国台湾地区，对检察官不单独立法，而是在法官法中设立检察官一章，把检察官与法官并列为司法官。因此，我国台湾地区并无单独的"检察官法"，只有一部"法官法"，并在第十章设检察官专章，规定检察官之任用资格等事项，并规定法官之消极资格、伦理规范之遵守、不得参加政党及个案评鉴、考察、进修等条文规定同样适用于检察官。

二、检察官的职责与检察长任命的批准

（一）检察官的职责

检察官虽然与法官一样被认为属于司法官，但检察官还是具有一定的行政官属性。因此，检察官有着完全不同于法官的职责。法官主要行使审判职能，检察官行使的职能主要是法律监督、刑事案件的审查起诉，因此其职责包括：①对法律规定由检察院直接受理的刑事案件进行侦查；②对刑事案件进行审查逮捕、审查起诉，代表国家进行公诉；③开展公益诉讼工作；④开展对刑事、民事、行政诉讼活动的监督工作；⑤法律规定的其他职责。此外，根据检察一体化原则，检察官在检察长领导下开展工作，重大办案事项由检察长决定。检察长也可以将部分职权委托检察官行使，可以授权检察官签发法律文书。

（二）检察官、检察长任命的批准

检察官任职的条件、选拔、遴选和任免均类似于法官。省、自治区、直辖市也设立检察官遴选委员会和检察官惩戒委员会，负责初任检察官人选专业能力的审核和检察官违反检察职责行为的审查认定。最高人民检察院检察长由全国人民代表大会选举和罢免，地方各级人

民检察院检察长由本级人民代表大会选举和罢免。

不同之处在于地方各级检察院检察长的任免,须报上一级检察院检察长提请本级人民代表大会常务委员会批准。对于不具备检察官法规定条件或违反法定程序被选举为检察院检察长的,上一级检察院检察长有权提请本级人民代表大会常务委员会不批准。

【推荐读物】

1. 律师的思维与技能. 刘瑛. 法律出版社 2006 年版。
2. 我为你辩护. 李京生. 人民文学出版社 2006 年版。
3. 中国法官制度研究. 谭世贵等. 法律出版社 2009 年版。
4. 检察官身份保障. 李美容. 知识产权出版社 2009 年版。
5. 千万别来念法律. 杨智杰. 中国政法大学出版社 2010 年版。
6. 恐怖的法官. [德] 英戈·穆勒. 中国政法大学出版社 1999 年版。
7. 中国法律职业背景下的法官. 刘欣. 世界图书出版公司 2017 年版。
8. 北京民国政府司法官制度研究. 毕连芳. 中国社会科学出版社 2009 年版。
9. 司法改革报告——法律职业共同体研究. 张文显等. 法律出版社 2003 年版。
10. 三思而行——钱律师与青年刑辩律师的交谈. 钱列阳. 法律出版社 2015 年版。